チャイナタウン
ゲイバー
レザーサブカルチャー
ビート
そして街は
観光の聖地となった

「本物」が息づくサンフランシスコ近隣地区

畢 滔滔 [著]

Taotao Bi-Matsui
From "Blighted Areas" to
"Cultural Attractions"

The Transformation of
Minority Neighborhoods in
San Francisco

東京 白桃書房 神田

謝　辞

　2008年度の在外研究以来，アメリカのサンフランシスコに関する研究を6年間続け，また，2冊目の研究書を書き上げることができたのは，多くの方々からのご支援とご協力の賜物である。

　在外研究中のホストプロフェッサーであるカリフォルニア大学バークレー校のジュディス・イネス（Judith Innes）教授（現・同校名誉教授）は，サンフランシスコに関する事例研究を私に勧めた最初の人であり，また，まちづくりに関する研究を行うには，商業学，都市計画学，政治学など多様な学問分野の研究成果を取り入れなければならない，ということを指摘してくださった。この研究を進めるプロセスにおいて，イネス教授は事例研究の方法について長時間に話し合ってくださり，貴重なコメントとアドバイスをいただいた。イネス教授のご支援に心より御礼を申し上げたい。

　在外研究から帰国後の2010年から2011年にかけて，流通科学大学の流通科学研究所が主催した「まちづくり・流通研究会」および，同大学が主催した「観光ビジネスモデル研究会」に参加する機会を得た。研究会において，石井淳蔵先生（神戸大学名誉教授，流通科学大学学長），石原武政（大阪市立大学名誉教授），高橋一夫先生（近畿大学）をはじめとする先生方，さらに産業界と官庁の方々から，観光およびまちづくりについて貴重な話を伺うことができ，多大な知的刺激をいただいた。これらの研究会に参加する経験がなかったら，都市観光をテーマとする本書の上梓はなかったであろう。研究会の先生方と皆様に，心より御礼申し上げたい。

　本書で描いたサンフランシスコの物語は，筆者がサンフランシスコの現地調査で収集した膨大な1次データと2次データに基づくものである。データ収集に協力していただいた方々がいなければ，当然，本書は完成できなかった。ジャーナリスト・ドキュメンタリー映画の製作者であるマイク・スキッフ（Mike Skiff）氏は，面識も紹介もなかったにもかかわらず，私が唐突に送った電子メールに返信して質問に答えてくださった。それだけではなく，彼は制作したドキュメンタリー映画の中に登場したキーパーソンを紹介していた

だいた。サンフランシスコ GLBT 歴史協会（GLBT Historical Society）の主任アーキビストであるマージョリー・ブライヤー（Marjorie Bryer）博士は，私の長時間のインタビューに丁寧に答えていただき，サンフランシスコの GLBT の歴史と史料について貴重な情報を提供してくださった。スキッフ氏とブライヤー博士をはじめ，本書の付録で挙げたインタビュー調査にご協力くださった 35 名の方々に心より感謝を申したい。

サンフランシスコの現地調査で初めて言語の壁にぶつかったのは，意外にもチャイナタウンで調査を行った時である。北京生まれ育った私は，中国語としてマンダリン（中国の標準語・北京官話）しか分からず，それしか話せない。しかし，サンフランシスコのチャイナタウンの住民は，ほとんど中国の広東省からの移民であり，彼らの母語は広東語である。住民のうち，英語を自由に操ることができない人は少なくない。途方に暮れた私に，エスター・クワン（Esther Kwan）氏（チャイナタウンのウォーキングツアーのボランティアガイド）は，初対面であったにもかかわらず，無償で通訳を務めていただいた。クワン氏の助力に深く感謝を申したい。

サンフランシスコ市立図書館歴史センター（San Francisco History Center, San Francisco Public Library）の図書館員の方々は，本研究に多大な支援をくださった。2008 年から現在までの 6 年間，私は，毎年，歴史センターを利用してきた。図書館員の方々は，歴史センターに所蔵する膨大な資料から，私の研究と関連する資料を丁寧に調べていただき，また，研究について助言してくださった。1 日の複写上限をはるかに超えた私の度々の資料複写申請に対して，彼らが断ったことは 1 回もなかった。本書の上梓は，彼らの豊富な知識とご支援の賜物である。歴史センターの図書館員の方々には心より感謝申し上げたい。

出版事業が厳しい中，白桃書房が本書の出版を引き受けてくださったことに，厚く御礼申し上げたい。編集部長の平千枝子さんには，本書の構成について貴重なコメントとアドバイスをいただき，いつも励ましてくださった。

日本商業学会第 64 回全国研究大会および，日本マーケティング学会マーケティングカンファレンス 2014 においては，この研究の中間報告をする機会を得た。小野晃典先生（慶應義塾大学），廣田章光先生（近畿大学），カロ

ラス・プラート（Carolus Praet）先生（小樽商科大学）と鷲田祐一先生（一橋大学）には，この研究を向上する上で欠かせないアドバイスをいただいた。

本研究は，構想の段階から，「商業研究会」という有志研究グループの研究会で幾度も発表した。研究会に出席された小宮一高先生（香川大学），横山斉理先生（日本大学），角谷嘉則先生（桃山学院大学），金珍淑先生（敬愛大学），柳到亨先生（和歌山大学），松田温郎先生（山口大学），渡邉孝一郎先生（九州産業大学）と濱満久先生（名古屋学院大学）から貴重なコメントとアドバイスをいただいた。さらに，浦野寛子先生（立正大学），水越康介先生（首都大学東京），木村浩先生（立正大学）と金先生（敬愛大学）には，初稿全体または一部を読んでいただき，懇切丁寧なコメントをくださった。横尾良子さんは本書の日本語を丁寧に校閲してくださった。本書が少しでも読みやすい書物になったとしたら，それは横尾さんの献身的なご努力のおかげである。以上の方々のご協力とご支援に深く御礼を申し上げたい。

本研究は，科学研究費補助金（基盤研究（C）「サンフランシスコの商店街活性化：協働型計画の役割に関する理論的・実証的研究」2013-15 年度，課題番号：25380570）と，立正大学経営学部産業経営研究所プロジェクト補助金（2013 年度）の支援を受けている。この研究を遂行する上で欠かせない経済的な基盤となった。

最後に家族に感謝を申したい。今年は私が来日 20 年の節目の年である。研究者，また生活者として日本社会に溶け込むことができたのは，夫松井剛のサポートのおかげである。研究と生活の両面に支えてくれた夫に深く感謝したい。また，中国にいる父にも御礼を申し上げたい。本書の原稿を書くのに忙殺されたため，父とは実に 2 年以上会っていない。電話するたびに必ず明るく私を励まし，決して文句を言わない父には，申し訳ないと思うと同時に，ただただ感謝するばかりである。

※本書出版にあたっては「立正大学石橋湛山記念基金」より出版助成を受けている。ここに記して感謝の意を表する。

2015 年 3 月
大学の研究室にて　著者

目　次

謝辞

序章　サンフランシスコのマイノリティの近隣地区と観光産業 ……… *1*
 1　サンフランシスコの観光産業の「輝く宝石」：
  マイノリティの近隣地区 ……………………………………… *1*
 2　関連する学問分野とデータ収集の方法 ………………………… *7*
 3　本書の構成 ………………………………………………………… *12*

第1章　サンフランシスコの観光産業 ……………………………… *17*
 はじめに …………………………………………………………… *17*
 1　サンフランシスコの観光産業の特徴 ………………………… *19*
 2　第二次世界大戦以前のサンフランシスコの観光産業政策 …… *30*
 3　第二次世界大戦以降のサンフランシスコの観光産業政策 …… *37*
 おわりに …………………………………………………………… *46*

第2章　チャイナタウン ……………………………………………… *49*
 はじめに …………………………………………………………… *49*
 1　中国人排斥時代のサンフランシスコのチャイナタウン ……… *51*
 2　太平洋戦争以降のチャイナタウン：
  ゲットーからゲートウェイへ ………………………………… *61*
 3　新しい移民をサポートする非営利団体と活動家 …………… *73*
 おわりに …………………………………………………………… *83*

第3章　サンフランシスコ：ゲイたちの「都（キャピタル）」 ………………………… *87*
 はじめに …………………………………………………………… *87*
 1　ゲイバー：同性愛者コミュニティの中心 …………………… *89*
 2　サンフランシスコ：アメリカのゲイの「都」になるまで …… *98*

3　サンフランシスコ：ゲイにとっての全世界的な「都」へ … *106*
　おわりに……………………………………………………………… *111*

第4章　サウスオブマーケット：レザーサブカルチャーのメッカ … *115*
　はじめに……………………………………………………………… *115*
　1　工場・倉庫の集積と労働者階級の近隣地区：
　　　1840年代末〜1950年代 …………………………………… *118*
　2　サウスオブマーケットのミラクルマイル ……………………… *124*
　3　レザーサブカルチャーの回復 …………………………………… *129*
　おわりに……………………………………………………………… *140*

第5章　ノースビーチ：ビート巡礼の聖地 ……………………… *143*
　はじめに……………………………………………………………… *143*
　1　ビート作家の活動の中心：1950年代 ………………………… *145*
　2　ノースビーチのボヘミアンに関する報道と警察の取り締まり … *155*
　3　シティライツの活動：1960年代以降 ………………………… *163*
　おわりに……………………………………………………………… *171*

第6章　本物の場所と都市観光 …………………………………… *175*
　はじめに……………………………………………………………… *175*
　1　第二次世界大戦後の都市再開発と本物の場所の喪失 ……… *176*
　2　ニューツーリストの成長と都市観光産業の変化 …………… *182*
　3　「市長のトロフィーコレクション」の問題点と本物の場所づくり … *189*
　おわりに……………………………………………………………… *195*

〔付録〕　インタビュー協力者一覧
参考文献
索引

序章 サンフランシスコのマイノリティの近隣地区と観光産業

"I left my heart in San Francisco," sung by Tony Bennett
(「思い出のサンフランシスコ」または「霧のサンフランシスコ」トニー・ベネット)

1 サンフランシスコの観光産業の「輝く宝石」：マイノリティの近隣地区

　トニー・ベネットが歌ったように，サンフランシスコを訪れた観光客の多くは，その街のロマンチックで洗練された雰囲気に心を奪われてきた。人口わずか80万人，面積も東京23区の5分の1程度しかないサンフランシスコは，決して大きな都市ではない。また，霧に覆われてアメリカ西海岸特有の明るい日差しが見られない日が多く，海からは冷たい風が強く吹く。それにもかかわらず，サンフランシスコは世界有数の観光都市である。2013年にサンフランシスコは，海外からの訪問者数が304万人に達し，ラスベガスやホノルルなどアメリカの主要な観光都市をおさえて，全米第5位にランキングされた（National Travel and Tourism Office, 2013）[1]。サンフランシスコの何が観光客を惹きつけるのであろうか。

　はじめてサンフランシスコを旅する人は，ガイドブック片手に，ゴールデンゲートブリッジのような有名な建造物や，アルカトラズ島のような歴史的遺産，1990年代に建設されたサンフランシスコ現代美術館（SFMOMA）などをまわるだろう。たしかにこれらの観光名所は魅力的である。しかし1906年のサンフランシスコ大地震でダウンタウンがほぼ全焼したサンフラ

---

[1] 海外からの訪問者数のランキングが第1位から第4位までの都市は，ニューヨーク市，マイアミ市，ロサンゼルス・ロングビーチとオーランド市である。

ンシスコには，歴史的建造物が必ずしも多くない。また，1980年代以降，アメリカの他の大都市が観光産業振興を目的として競って大規模な文化施設を建設する中，サンフランシスコ市の美術館・博物館は必ずしも抜きんでるとは言えない。それにもかかわらず，サンフランシスコを訪れた観光客の実に4分の3がリピーターであるという（Destination Analysts, Inc., 2011）[2]。このことからも明らかなように，観光客はサンフランシスコに魅了されているのである。

現代のアメリカ大都市としては珍しく，サンフランシスコ市内には近隣地区（neighborhoods）がいたるところに分布している。近隣地区とは，アメリカの都市計画の単位であり，通常住宅街と商店街で構成され，近隣住区または住区と訳されることもある。サンフランシスコの近隣地区は，都市計画の単位であると同時に，自治の基礎的な行政単位でもある。図序-1は，サンフランシスコ都市計画局（San Francisco Planning Department）が発表した同市の近隣地区とその境界線である。この図に示されるように，サンフランシスコ市は多くの近隣地区の連合であると言っても過言ではない。また，中産階級や富裕層の近隣地区だけではなく，様々な人種・文化・ライフスタイルのマイノリティが住まう近隣地区が多いことも，サンフランシスコ市の特徴である。例えば，アメリカ西海岸の金融中心であるファイナンシャルディストリクト（Financial District）の直ぐ北側にはチャイナタウン（Chinatown）があり，そこからさらに北へ進むと，かつてビートジェネレーション（Beat Generation）が活躍し，イタリア系移民が多く暮らすノースビーチ（North Beach）がある。ファイナンシャルディストリクトの南側に位置するマーケットストリート（Market St）を越えると，サウスオブマーケット（South of Market）というレザーマン（leathermen：ゲイのサブグループ）のコミュニティがあり，そこから南西へ進むと，ミッション（Mission）というスパニッシュ系住民の近隣地区がある。街路のアップダウンが激しいサンフランシスコでは，1つのヒル（丘）を上ったり下りたりすると別の近隣地区に入ってしまうほど，多様なマイノリティが生活している。多彩な近隣地区が数多く存在

2　サンフランシスコを訪れる旅行者のプロフィールについては，第1章を参照されたい。

図序-1　サンフランシスコの近隣地区

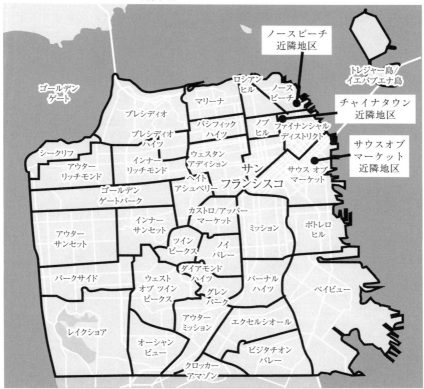

（出所）City & County of San Francisco Planning Department Maps データ（http://www.sf-planning.org/index.aspx?page=1654）により筆者作成。

するということこそ，サンフランシスコ市がアメリカの他の都市と大きく異なる点である。

　サンフランシスコ最大の観光促進団体「サンフランシスコ観光協会」（San Francisco Travel Association）がマーケティングリサーチ会社に委託して実施している「サンフランシスコ訪問者プロフィール調査」（San Francisco Visitor Profile Research）によると，サンフランシスコにおいて訪問者が最も多く訪れる場所として，ユニオンスクエアという同市最大の都心商業集積や，フィッシャーマンズワーフという同市最大の娯楽施設の集積地の他，チャイ

ナタウン，サウスオブマーケット，ノースビーチなどの近隣地区が挙げられている。実際，これらの近隣地区を訪れたと答えた訪問者の比率は，国定歴史建造物（National Historic Landmark）に指定されているサンフランシスコ市役所を訪れたと答えた訪問者の比率を上回った（Destination Analysts, Inc., 2011）。このように，サンフランシスコの近隣地区は，ゴールデンゲートブリッジや SFMOMA に劣らず，サンフランシスコの重要な観光資源であり，多様な文化とライフスタイルに興味を持ち，それらを体験してみたいと望む観光客を世界中から惹きつけている。

　サンフランシスコの近隣地区のうち，とりわけ多くの旅行者を惹きつけているのは，マイノリティが集中する近隣地区である。本書では，マイノリティの定義として，現代アメリカにおける「マイノリティ」概念の起源であり（岩間，2007），シカゴ学派の社会学者ルイス・ワース（Louis Wirth）が 1945 年に提示した定義を用いる。すなわち，マイノリティとは，「身体的あるいは文化的特徴ゆえに，その社会において差別的で不平等な待遇を受け，また，そのために自らを集団的差別の対象とみなす，という点で他の人々とは区別される集団」である（Wirth, 1945, p. 347）。マイノリティの特徴は，「被害者性」と，自らをマイノリティとして認識するという「主観性」であり（岩間，2007），必ずしも人数的な少数派とは限らない。家父長制社会における女性や，異性愛を支配的かつ中心的セクシュアリティと考える社会におけるゲイ，レズビアン，バイセクシュアル，トランスジェンダー，さらに体制的な価値観や主流のライフスタイルへの服従を拒否する人びとなどが含まれる。

　サンフランシスコの訪問者が最も多く訪ねるという，チャイナタウンおよびサウスオブマーケット，ノースビーチといった近隣地区を見ると，いずれもマイノリティが集中する近隣地区である。サンフランシスコのチャイナタウンは，アジア以外の地域で最も規模が大きい中国系移民の近隣地区である。サウスオブマーケットは，ゲイのサブグループのひとつであるレザーマンが数多く暮らす近隣地区であり，地区にはレザーサブカルチャー関連のビジネスが集積している。ノースビーチは，1950 年代，ジャック・ケルアック（Jack Kerouac）やアレン・ギンズバーグ（Allen Ginsberg）など，ビートジェネレーションの作家たち（Beat Generation writers：以下では，ビート作家と略す）

の活動の中心であった。ビート作家の作品は，当時のアメリカ社会と政治における抑圧的な現状を描き，若い世代のアメリカ人に，体制に反抗する精神を植え付けた (Charters, 1983)。半世紀以上たった今日も，ノースビーチには，相変わらず独立系の出版社と書店が点在し，また，ボヘミアンの雰囲気が漂うカフェやバーが集積している。こうしたサンフランシスコにおけるマイノリティの近隣地区は，今日同市観光産業の「輝く宝石」として，世界中から観光客を引き寄せている。

　なぜ，サンフランシスコのマイノリティの近隣地区は，観光客を魅了するのか。また，これらのマイノリティの近隣地区は，どのようにして重要な観光資源となったのか。これらの問題が，本書の基本的なリサーチクエスチョンである。本書は，サンフランシスコの3つの近隣地区，すなわち人種的マイノリティの近隣地区であるチャイナタウンおよび，性的マイノリティの近隣地区であるサウスオブマーケット，さらに反体制の人々が活動する近隣地区であるノースビーチの変遷を分析することで，これらの問題について検討する（図序-1）。3つの近隣地区を取り上げたのは，人種的・性的マイノリティ，さらに反体制の人々が，第二次世界大戦後のサンフランシスコにおいて代表的なマイノリティグループであるからであり，また，チャイナタウンとサウスオブマーケット，ノースビーチは，これらのマイノリティが集中する代表的な近隣地区であると同時に，観光客が最も多く訪れる近隣地区でもあるからである。

　こうした観光客に人気の高いマイノリティの近隣地区の歴史を紐解くと，これらの地区が幾度となく公的機関による取り壊しの危機にさらされてきたかがわかる。サンフランシスコの中心業務地区（Central Business District, CBD 地区）の北隣にあるチャイナタウンは，19世紀以降，「市の公共衛生に悪影響を及ぼす」などの理由で，地区全体で移転することを市当局に迫られ続けた。また，CBD 地区の南隣にあるサウスオブマーケットでは，1950年代以降，市当局や大手企業からなるサンフランシスコ観光協会が，従来の建物を取り壊し，コンベンション施設やホテル，高級小売施設などを建設する計画を推し進めてきた。さらに，ノースビーチにおいては，1950年代および60年代，国や大手企業，マスメディアが推奨する「幸せな」ミドルク

ラスのライフスタイルを拒絶したビートジェネレーションと，彼らの集いの場であるカフェやバーに対して，サンフランシスコ市警察（San Francisco Police Department）が厳しい取り締まりを行い，市民の人権さえしばしば踏み躙った。このように，サンフランシスコのマイノリティの歴史は，支配階級に差別され迫害され続けた歴史であり，マイノリティが集まる近隣地区の歴史は，公的機関が「公共の利益」の名目の下で，これらの地区を一掃しようとしてきた歴史である。

しかし，差別され，迫害され続けたにもかかわらず，サンフランシスコのマイノリティの近隣地区は，公的機関や大手デベロッパーのブルドーザーから逃れただけではなく，本物のコミュニティとして今日も発展し続けている。今日のチャイナタウンは，依然として，生活手段が乏しい中国系移民が暮らし，彼らの子供たちがアメリカで成功に向けてスタートを切る場所であり，また，貧しい移民家族をサポートする様々な非営利団体と活動家が集まる場所である。サウスオブマーケットでは，相変わらずレザーマンたちが暮らし，レザーサブカルチャーに関連する商店や，インターネット通信会社，メディア会社が集積し，レザーサブカルチャーのイベントが開催される。ノースビーチには，今日も独立系の出版社と書店が点在し，今なお反体制運動の中心かつ知の中心であり続けている。このように，サンフランシスコのマイノリティの近隣地区は，「エスニック・ディズニーランド」（ethnic Disneyland）でもなければ（Conforti, 1996, p. 839），歴史博物館に化したものでもない。サンフランシスコのマイノリティの近隣地区は，本物のコミュニティとして生き残り，また，住民の暮らしと文化の変化にともない発展を続けている。サンフランシスコのマイノリティの近隣地区は，Relph（1976）が言う「本物の場所」（authentic and genuine place）であり，こうした本物性こそが移住者と観光客の両方を惹きつけるのである。

サンフランシスコのマイノリティの近隣地区の保存と発展において最も重要な役割を果たしたのは，マイノリティ自身にほかならない。今日，サンフランシスコは多様性に富み，異なる価値観に寛容で，自由な街として世界中に知られているが，これは決して Dubos（1972）が主張したように，サンフランシスコに自然に備わった特徴ではない。サンフランシスコのマイノリ

ティの歴史を見ると，同市の支配階級が，当初からマイノリティに対して寛容な態度を示し，マイノリティを自発的に受け入れてきたとは言い難い。アメリカの他の都市のエリートと同様に，彼らは，都市の顔とも言えるCBD地区近くにマイノリティの近隣地区が存在することを決して容認しようとはしなかった。今日もなおサンフランシスコに多くのマイノリティの近隣地区が保存され，発展し続けているのは，マイノリティ自らが権力に立ち向かった結果にほかならない。マイノリティグループの持続的な草の根運動は，彼らの近隣地区独自の文化を維持し発展させただけではなく，多様性に富み，寛容で自由な街というサンフランシスコ市のアイデンティティの形成にも大きく寄与した。

2 関連する学問分野とデータ収集の方法

関連する学問分野

　本書は，都市観光（urban tourism）研究と都市計画学，歴史学にまたがる学際的研究である。リゾート地から始まった観光研究は，1980年代から都市観光が独立かつ重要な研究分野として出現した（Edwards *et al.*, 2008）[3]。都市観光が学者に注目されるようになった背景には，都市を旅先として選ぶ旅行者の増加という需要側面の変化に加えて（Pearce, 2001），工業都市から脱工業都市へと変化せざるを得ない都市の多くが，都市再生の重要手段として観光を認識するようになった，という供給側面の変化がある（Jansen-Verbeke, 1986; Judd & Fainstein, 1999）。1980年代以降，都市観光に関する研究は，観光学者のみならず都市研究（urban studies）などの分野の学者によっても行われ，その研究対象は，ヨーロッパや北米，アジア，アフリカの諸都市にまでに広がっている（Pearce, 2001; Rogerson & Visser, 2007）。

　Edwards *et al.*（2008）は，都市観光を次のように定義している。都市観光とは，「都市における数多くの経済活動のひとつであり，都市観光産業は，様々

---

[3] 都市観光の研究の始まりは1960年代にまでさかのぼることができる。しかし，当時研究数は少なく，また，主に地理学者によって行われていた（Pearce, 2001）。

な動機・選好・文化的背景を持つ訪問者に，多様な商品と経験を提供する産業である」（Edwards *et al.*, 2008, p.1038）。Edwards *et al.*（2008）は，都市観光の先行研究をレビューし，また，オーストラリアの観光産業の関係者に対して幅広く調査を行った結果，都市観光の研究テーマを以下の4つに分類した。すなわち①需要，②供給，③公的管理・産業政策および，④都市観光の影響という4つのテーマである。①需要に関する研究は，主に観光客の行動と経験に関する研究であり，具体的には，観光客が特定の都市を訪れる理由や観光先に求めるもの，観光客の情報収集の方法，旅行行動の変化のトレンドなどの研究課題が含まれる。②供給に関する研究は，主に都市の観光資源に関する研究であり，観光客をめぐる都市間競争において，都市がどのように差別化を図り，どのように観光客に独特の経験を提供するか，という問題に焦点を当てている。③公的管理・産業政策に関する研究は，公的機関が長期的な公共利益を守るために，どのように観光資源を保護・管理・改善すべきかという問題に関する研究であり，具体的には，観光インフラの整備，都市のプロモーション，観光スポットの管理などの研究課題が含まれる。④都市観光の影響に関する研究は，観光産業が都市の経済や環境全体，社会に与える影響に焦点を当てている。

　本書は都市観光研究の分野において，主に②供給に焦点を当てた研究であり，それと同時に，③観光産業政策と④都市観光の影響に関する研究にも示唆を与えるものと考えられる。②供給に関する先行研究は，研究対象として，主に宿泊施設および観光名所（歴史的地区，エンターテイメント地区，再開発された観光地区など），交通インフラ，またはそれらの観光資源の組み合わせについて取り上げている（Pearce, 2001）。本書は，これまで観光資源として必ずしも注目されてこなかった近隣地区を分析対象としている点で，先行研究とは一線を画すものである。近隣地区を観光資源として分析した先駆け的研究には Ehrlich & Dreier（1999）および Maitland（2007, 2007/2011）があるが，これらの研究はいずれも富裕層，中産階級または白人の労働者階級の近隣地区に焦点を当てている[4]。これらの先行研究とは異なり，本書では，

4　Ehrlich & Dreier（1999）および Maitland（2007, 2007/2011）の研究については，第6章を参照されたい。

弱者が集中し，権利を制限され，抑制されてきたマイノリティの近隣地区を取り上げる。これによって，コミュニティが持つ資源が乏しいはずのマイノリティの近隣地区が，中産階級や富裕層の近隣地区と同じように，重要な都市観光資源になりうることを示した上で，マイノリティの近隣地区が生活環境の改善と観光の発展を同時になし遂げる方法について検討する。この意味で，本書は，③観光産業政策と④都市観光の影響に関する研究にも貢献するものと考えられる。

都市観光という学問分野に加えて，本研究は都市計画学とも大きく関連している。都市の近隣地区は，もともと観光客のためにつくられた場所ではなく，都市住民が居住し，また，住民向けの商業施設が集積する場所である。そのため，当然のことながら，都市計画は近隣地区に大きな影響を及ぼす。アメリカの大都市の場合，1950年代から60年代にかけて，都市内高速道路の建設や，都市部における「荒廃した」近隣地区を取り壊して再開発事業を行うといった都市更新事業（Urban Renewal）が盛んに行われ，近隣地区を数多く破壊した。社会の弱者であり，メインストリームから外れたマイノリティが集中する近隣地区は，中産階級や富裕層の近隣地区以上に，高速道路建設と都市更新事業の犠牲となった。実際，本書で取り上げられたサンフランシスコのサウスオブマーケット近隣地区は，1950年代，当局から「荒廃地区」というレッテルを貼られ，取り壊しの危機にさらされ続けた。マイノリティ近隣地区がブルドーザーから逃れ，さらに重要な観光資源となるに至ったメカニズムを明らかにする本研究は，都市計画学の先行研究を鑑みて行われたものであると同時に，同分野の今後の研究にも大きく貢献するものであると考えられる。

さらに，本書は歴史研究でもある。本書は，サンフランシスコのマイノリティの近隣地区が重要な観光資源になったプロセスを明らかにするべく，近隣地区が立地する場所の歴史だけでなく，サンフランシスコのマイノリティそのものの歴史についても丹念に調査した。サンフランシスコのマイノリティの歴史は，アメリカの他の大都市のマイノリティの歴史と同じように，抑圧と迫害を受け続けた歴史である。しかし，サンフランシスコのマイノリティの人々は，自らの人権と文化を認めてもらおうと，権力に向かって立ち

上がり，戦い続けてきた。サンフランシスコの街には，マイノリティの人々が自らの権利を主張し続けた歴史が刻まれている。また，彼らの文化とライフスタイルが，特色のある建築物やパブリックアート，さらに商店街という形で，マイノリティの近隣地区に具現化されている。個性的なマイノリティの近隣地区からなる魅力的なサンフランシスコは，マイノリティの人々の活動が積み重ねられた結果として築き上げられたものにほかならない。この点は，サンフランシスコのマイノリティと彼らの近隣地区の歴史がはっきりと示している。

データ収集の方法

　本書は，サンフランシスコにおける代表的，かつ観光客に人気の高い3つのマイノリティの近隣地区の変遷を分析することで，マイノリティの近隣地区が重要な観光資源となったメカニズムを検討するものである。本書で取り上げるのは，人種的マイノリティのチャイナタウンおよび，性的マイノリティのサウスオブマーケット，さらに反体制の人々が活動するノースビーチという3つの近隣地区である。本書で利用したデータは次の通りである。

　1次データとしては，次の3つの方法で収集したデータを利用した。

　第1に，2012年から2014年にかけて，サンフランシスコ市役所の職員，観光業界の担当者，マイノリティグループを支援する非営利団体の職員と活動家，商店街の商人・商人連合会のリーダー，独立系出版社のバイヤーとマーケティング担当者，マイノリティの芸術家，マイノリティ近隣地区の住民および歴史家など計35名に対してインタビュー調査（対面・電子メールインタビュー）を実施した。

　第2に，サンフランシスコのマイノリティグループの代表的なイベントに筆者自ら参加し，イベントの様子を観察し，イベントの参加者に対してプロフィールおよびイベントに参加した動機，イベントに関する感想を聞き，ノートをとって記録した。観察対象となったのは，サンフランシスコにおけるGLBTの人権運動を記念する最大のイベント「サンフランシスコ・プライド」（SF Pride）および，チャイナタウンの二大イベントのひとつである「ムーン・フェスティバル」（Moon Festival），ノースビーチに立地する独立系の出版社・

書店の読書会と出版記念イベントである。

　第3に，サンフランシスコのマイノリティの近隣地区を訪れるウォーキングツアーに参加し，ツアーのガイドおよび参加者のプロフィールを調査すると共に，参加者に対してツアーに参加したきっかけと参加後の感想を聞き，ノートをとって記録した。サンフランシスコの近隣地区を巡るウォーキングツアーは，ほとんどが近隣地区または非営利団体のボランティアが企画・運営しているものである。これらのウォーキングツアーの目的は，サンフランシスコのマイノリティの歴史および彼らの近隣地区の本当の姿をより多くの人に知ってもらうことにある。ウォーキングツアーは通常無料であり，ボランティアのガイドが参加者に対して非営利団体やコミュニティ組織への寄付を依頼する。

　1次データに加えて，本書では，サンフランシスコのマイノリティグループおよびマイノリティの近隣地区，サンフランシスコで計画・実施された高速道路建設と都市更新事業，同市の観光産業政策について，次の4つの2次データを収集して分析した。すなわち，①サンフランシスコ市立図書館にあるアーカイブおよび，図書，新聞・雑誌記事，映像記録，②米国華人歴史学会（Chinese Historical Society of America, CHSA）に所蔵されている史料，③サンフランシスコGLBT歴史協会（GLBT Historical Society）に所蔵されている史料，④サンフランシスコのチャイナタウン，GLBT，ビートジェネレーションに関するドキュメンタリー映画と，映画・テレビドラマの4つである。

　以上のような1次データと2次データを収集して分析したことによって，サンフランシスコにおける観光産業の歴史と現状や，観光産業政策の特徴，マイノリティの歴史と彼らの活動，マイノリティの近隣地区の歴史と現状，マイノリティと彼らの近隣地区について支配階級・大手企業・マスメディアがつくりあげたイメージ，マイノリティの近隣地区を訪れる観光客の特徴などについて，詳細な情報を得ることができた。本書で描かれるサンフランシスコのマイノリティの近隣地区の物語，さらに同市の観光産業とマイノリティの近隣地区の関係に関する分析は，こうして収集した膨大な1次データと2次データに基づくものである。

3 本書の構成

　本書は6章から構成されている。サンフランシスコの観光産業の現状および観光産業政策の特徴を説明した上で，観光客が最も多く訪れる3つのマイノリティの近隣地区の変遷を描き，近隣地区が都市観光資源となるメカニズムについて検討する。

　第1章では，サンフランシスコの観光産業に関する統計データおよびアーカイブ資料を分析し，同市の主要な観光資源を明らかにする。また，同市の観光産業政策が観光資源の形成と観光産業の発展に及ぼした影響を検討する。第1章で明らかにされたのは以下の2点である。ひとつは，サンフランシスコの近隣地区は，同市の重要な観光資源であり，また，同市が観光客を惹きつける上で，他の都市と差別化するための要素である，ということである。もうひとつは，第二次世界大戦後，サンフランシスコの観光振興政策はコンベンションの誘致に貢献した一方，観光産業全体の発展に果たした役割は限定的なものであった，ということである。大手観光関連企業に率いられるサンフランシスコ観光協会は，同市の観光産業の実質上の政策立案主体かつ実施主体である。サンフランシスコ観光協会の観光振興戦略方針は，一貫してコンベンションの誘致であり続けた。大規模なコンベンション・展示施設を建設するために，観光協会は市当局に働きかけて歴史的な近隣地区を取り壊した。このことは，サンフランシスコの観光産業の発展にむしろマイナスの影響を及ぼしたと考えられる。

　第2章から第5章では，観光客が最も多く訪れる3つのマイノリティの近隣地区の変遷を説明し，これらの近隣地区が重要な観光資源となるに至ったプロセスを明らかにする。第2章では，人種的マイノリティの近隣地区であるチャイナタウンを取り上げる。160年の歴史があるサンフランシスコのチャイナタウンは，アジア以外の地域では最も規模が大きいチャイナタウンであり，また，サンフランシスコの近隣地区の中で，観光客が最も多く訪れる地区である。第2章で明らかにされたのは，サンフランシスコのチャイナタウンが人気の高い観光スポットであり続けているのは，当該地区が真実の

コミュニティであるからであるという点である。今日でも，サンフランシスコと周辺のベイエリア在住の中国系アメリカ人は，様々な理由でサンフランシスコのチャイナタウンとかかわっており，チャイナタウンには彼らが利用できる多くのリソースが集積している。チャイナタウンは彼らの本拠地なのである。サンフランシスコのチャイナタウンは，観光客に，サンフランシスコとベイエリアの中国系アメリカ人の文化を如実に示していると言えよう。

　第3章と第4章では，性的マイノリティと彼らの近隣地区を取り上げる。第3章では，サンフランシスコが都市全体として同性愛者の観光客に人気の高い都市であることを示し，その理由を分析する。その上で，第4章では，観光客が多く訪れるレザーマンの近隣地区であるサウスオブマーケットに焦点を当てて，当該地区がレザーサブカルチャーのメッカになったメカニズムを検討する。

　第3章で明らかにされたのは，サンフランシスコの同性愛者コミュニティの発展の歴史は，同性愛者たちが自らが利用できる都市空間を獲得するために闘ってきた歴史でもあり，こうした同性愛者の草の根運動の結果，サンフランシスコは多様性に富み，様々な価値観に寛容な街となった，という点である。このような都市の特徴に惹かれて，ますます多くの同性愛者が同市に移り住み，自らの才能を開花させている。と同時に，世界の同性愛者の都として，同市は同性愛者の観光客を惹きつけているのである。

　第4章で明らかにされたのは以下の3点である。ひとつ目は，サウスオブマーケット近隣地区がレザーサブカルチャーの世界的観光メッカになったのは，当該地区が本物のレザーサブカルチャーを体現している場所であるからである，ということである。2つ目は，観光振興と近隣地区の再活性化を実現するためには，地元住民や商人，活動家がイニシアチブをとり，地元参加型の協働計画を実施することが不可欠である，ということである。3つ目は，専門知識やソーシャルアビリティ，ネットワークを持ち，かつコミュニティの発展にコミットしたい活動家やボランティアの存在は，観光振興と近隣地区の再生に非常に重要な役割を果たす，ということである。

　つづく第5章では，ノースビーチの変遷を説明し，当該地区が1950年代ビート作家の活動の中心となり，今日でも文化ツーリズムのメッカとして観

光客を惹きつけ続けている理由を検討する。第5章で明らかにされたのは，今日のノースビーチが文化ツーリズムのメッカとなりえているのは，同地区がビートジェネレーションの歴史博物館となることなく，反体制ムーブメントと知の中心であり続けているからである，という点である。ノースビーチでは，今日もなお，反体制ムーブメントにかかわる新しい作家が集まり，新しい出版社や書店の創業が続いている。これらの作家と出版社・書店は，新しい知識を創造し，新しい情報を発信し続ける。このようなノースビーチは，年配の世代のみならず，新しい世代の読者をも惹きつける。そして，これらの読者は，新しい知識と情報を求めて，繰り返しノースビーチを訪れるのである。

最後に第6章では，サンフランシスコのマイノリティの近隣地区に関する研究の結果に基づき，マイノリティの近隣地区が重要な観光資源になるメカニズムを分析する。第6章で明らかにされたのは以下の3点である。第1に，1980年代後半から，従来の団体ツアー客とは異なる「ニューツーリスト」(new tourist）が急速に成長してきたという点である。これらのニューツーリストは，旅行の経験が豊富であり，都市観光においては均質化されておらず，自らの居住地にない経験を求める，という特徴がある。第2に，ニューツーリストの成長によって，かつての団体ツアー客があまり足を運ばなかった近隣地区が重要な観光資源となっている。マイノリティの住民の草の根運動によって保存され，発展しているマイノリティの近隣地区は，Relph (1976) が言う「本物の場所」である。すなわち，場所にかかわる人々（insiders）が場所に関する各種の意思決定を国家権力・大手企業・大衆の価値観（mass value）に任せず，自律性をもって意思決定をし，また，目標に向けて革新的な問題解決方法を案出してつくり上げる場所である。本物の場所は，個性的な場所として自らの居住地にはない経験を提供するという意味で，ニューツーリストにとって非常に魅力的な場所となっている。第3に，観光客をめぐる熾烈な都市間競争で勝ち抜くためには，本物の場所づくりが不可欠であるという点である。本物の場所づくりを後押しするために，公的機関は，政策の重点をこれまでの経済成長から都市生活環境の改善に変えなければならない。本物の場所は，観光客と都市住民両方にとって魅力的な場所であり，

本物の場所づくりは，都市観光産業の振興と都市の持続的な発展の両方につながるのである。

第1章　サンフランシスコの観光産業

　　　　　Equip yourself with a camera, a map and good walking shoes,
and set off to discover its historic sights, cultural treasures, and vibrant neighborhoods.
　　　　　　　　　　カメラと地図を持って，歩きやすい靴を履いて，さあ，
　　　　　サンフランシスコの史跡や文化財や活気に満ちた近隣地区の魅力を発見しにいこう。
　　　　　　（ガイドブック *Eyewitness Travel San Francisco & Northern California 2014*）

はじめに

　サンフランシスコは，アメリカでも人気の高い観光都市である。アメリカ商務省国際貿易局観光室が公表したデータによると，2013年にサンフラン

表1-1　海外からの訪問者数が多いアメリカの都市（上位10都市，2013年）

順位	都市	海外からの訪問者数（千人）	土地面積*（km²）	人口密度**（人/km²）
1	ニューヨーク市	9,579	783.5	10,434
2	マイアミ市	4,005	92.9	4,301
3	ロサンゼルス・ロングビーチ	3,781	1,343.5	3,167
4	オーランド市	3,716	265.1	899
5	サンフランシスコ市	3,044	121.3	6,636
6	ラスベガス市	2,851	351.6	1,660
7	ホノルル市	2,563	156.7	2,494
8	ワシントンD.C.	1,698	158.1	3,807
9	シカゴ市	1,378	589.3	4,574
10	ボストン市	1,282	125.0	4,941

（注）＊．土地面積は2010年の数値である。
　　＊＊．人口密度は2010年の数値である。
（出所）National Travel and Tourism Office（2013）および，State & County QuickFacts（by U.S. Census Bureau）により筆者作成。

シスコは，海外からの訪問者数で全米第5位にランキングされた（表1-1）。サンフランシスコは，訪れる訪問者の人数が多いだけではない。訪問者が同市で消費する金額もまた高い。例えば，2013年，カリフォルニア州最大の観光都市であるロサンゼルスの訪問者は，同市滞在中に1人当たり436ドルを消費したのに対して，サンフランシスコの訪問者は555ドルを消費しており，ロサンゼルスをはるかに上回った[1]。

表1-1は，2013年，海外からの訪問者が多く訪れたアメリカの都市について，訪問者数と土地面積，人口密度を示したものである。この表に示されるように，アメリカにおいて人気の高い観光都市のうち，サンフランシスコの土地面積は非常に小さく，また，人口密度は非常に高い。サンフランシスコは，多くの住民が日常生活をおくる都市である。そこには，オーランド市にあるような4つものテーマパークから構成されるウォルトディズニーリゾートなど存在しない。また，長い海岸線を有するものの，いつも霧に覆われ，明るい日差しが見られない日が多く，夏の平均最高気温も21度しかない。そのため，サンフランシスコでは，亜熱帯のマイアミのようにビーチリゾートを楽しめない。さらに，1840年代のゴールドラッシュを契機に発展した比較的新しい都市であり，1906年のサンフランシスコ大地震でダウンタウンがほぼ全焼してしまったサンフランシスコには，アメリカ東海岸の諸都市と比べて，史跡が少ない。加えて，1980年代以降，アメリカの大都市の多くが観光客を誘致するために競って大規模文化施設を建設した中，同市の美術館・博物館は必ずしも抜きんでているとは言えない。それにもかかわらず，サンフランシスコは，世界中から多くの観光客を惹きつけている。

サンフランシスコの何が観光客を惹きつけ，何が同市の主要な観光資源となっているのか。また，サンフランシスコ市の観光産業政策は，同市の観光資源の形成と観光産業の発展にどのような影響を及ぼしたのか。本章では，サンフランシスコの観光産業に関する統計データおよびアーカイブ資料を分

---

[1] 訪問者には海外と国内の訪問者両方が含まれる。ロサンゼルス観光委員会（Los Angeles Tourism & Convention Board）が公開した調査結果 Los Angeles Tourism by Numbers 2013 Quick Facts（http://www.discoverlosangeles.com/tourism/research）および，サンフランシスコ観光協会が公開した調査結果 San Francisco Visitor Industry Statistics（http://www.sanfrancisco.travel/research/）により筆者が計算した結果である。

析することで，これらの2つの問題を検討する。本章の構成は次の通りである。次の第1節では，サンフランシスコの訪問者に関する調査結果を分析し，同市を訪れる観光客の特徴および，サンフランシスコの主要な観光資源を明らかにする。第2節では，サンフランシスコにおいて観光産業が発展した背景を紹介し，第二次世界大戦以前の同市における観光産業の主要な促進者とその政策を解説する。第3節では，戦後のサンフランシスコにおける実質上の観光政策の担い手を紹介した上で，その観光振興の基本戦略および，これらの戦略が同市の観光産業の発展に及ぼした影響を分析する。おわりにでは，第1節から第3節までの内容をまとめ，サンフランシスコの主要な観光資源の特徴および，それらの観光資源が形成された要因について結論付ける。

1 サンフランシスコの観光産業の特徴

　サンフランシスコを訪れる観光客はどのような人々か。また，彼らはサンフランシスコの何に惹きつけられているのか。これらの問題について，訪問者調査の結果は重要なヒントを提供している。この調査は，サンフランシスコ最大の観光促進団体サンフランシスコ観光協会がマーケティングリサーチ会社に委託して，定期的に実施している調査である。本調査では，サンフランシスコの訪問者について，デモグラフィック特徴やサンフランシスコを訪れた理由，サンフランシスコにおける活動，サンフランシスコに対する評価など，包括的な情報が収集されている。サンフランシスコの訪問者を正確に把握し，観光客とビジネス客，コンベンション参加者に対して，偏りのない調査を行うために，本調査では3つの方法で回答者に接触し，質問票調査を実施している。すなわち，①サンフランシスコ市内の17の観光スポットやショッピングエリアで，サンフランシスコ市民以外の人々をランダムに選んでインタビュー調査を実施し[2]，②サンフランシスコ市内の40のホテルにおいて，チェックアウトする宿泊客に質問票を配り回答してもらい[3]，③サンフランシスコ観光情報センター（San Francisco Visitor Information Center, VIC）

2　調査は，平日と週末の両方，また，午前と午後，夜のすべての時間帯で実施されている。
3　2010年の各四半期に，1週間にわたってホテルで質問票調査を実施した。

において，センターの利用客にオンラインの質問票調査に協力してもらう，という3つの方法である。3つの調査で使われる質問票の内容は同じであるが，①と②で使われる質問票は英語のもののみであり，③で使われる質問票は，英語とフランス語，ドイツ語，イタリア語，日本語，スペイン語の6言語に対応している。

　2014年現在における最新の調査結果は，2010年に実施された調査[4]のものである。2010年の調査では，上記の3つの方法で，それぞれ2065件，2295件，1780件の有効回答を得られた。この調査の結果は，サマリーを除き，サンフランシスコ観光協会のメンバー企業以外には公開されていない。筆者は特別にサンフランシスコ観光協会から閲覧・使用許可を得ることができた。本節では，2010年訪問者調査の結果を分析し，サンフランシスコの訪問者の特徴および，サンフランシスコの主要な観光資源を明らかにする。

サンフランシスコの訪問者のプロフィール

　サンフランシスコの訪問者は，どのような目的でサンフランシスコを訪れたのであろうか。2010年の訪問者調査の結果によると，回答者の75.4%はレジャーのためにサンフランシスコを訪れた観光客であり，その他はビジネス・公務出張の人の比率は11.2%，会議・コンベンションの参加者は7.1%，友達や親戚訪問などその他の個人目的の訪問者は6.3%であった（図1-1）。また，観光客のうち，長期休暇をサンフランシスコで過ごした旅行客が最も多く，全回答者の44.6%を占めた。これはベイエリアからの日帰り旅行者21.2%の約2倍であった。このように，サンフランシスコへの訪問者の4分の3以上は観光客であり，また，観光客の大多数は長期休暇をサンフランシスコで過ごしている。実際，2010年訪問者調査の回答者のうち51.6%は，サンフランシスコで4泊以上宿泊していた（Destination Analysts, Inc., 2011）。

　2010年訪問者調査によると，回答者の7割はアメリカ国内に居住しており，海外からの訪問者は3割であった。図1-2は，2010年にサンフランシ

---

[4] 2010年の調査は，マーケティングリサーチ会社「デスティネーションアナリスト」（Destination Analysts, Inc.）に委託された。

図1-1　サンフランシスコ訪問者の目的別構成比（2010年訪問者調査）

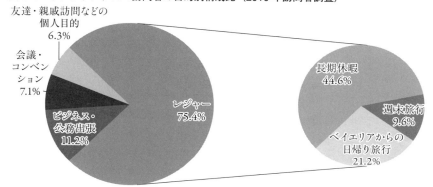

（出所）Destination Analysts, Inc.（2011）より筆者作成。

図1-2　アメリカ在住のサンフランシスコ訪問者の主な居住先
　　　（上位10都市・地区，2010年訪問者調査）

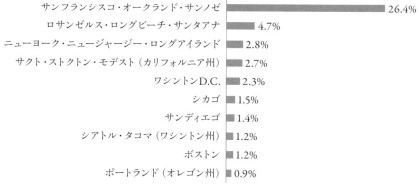

（出所）Destination Analysts, Inc.（2011）より筆者作成。

スコを訪れたアメリカ国内からの訪問者の主な居住都市・地区を示している。この図に示されるように，サンフランシスコへの訪問者には，同市に近いカリフォルニア諸都市からの人々だけではなく，遠く離れた東海岸のニューヨークやニュージャージー州，ワシントンD.C., ボストン，さらに中部のシカゴから訪れた者も少なくなかった。図1-3は，2010年サンフランシスコを訪れた海外からの訪問者の主な居住国を示している。この図に示されるように，海外からの訪問者には，アメリカの隣国カナダだけではなく，

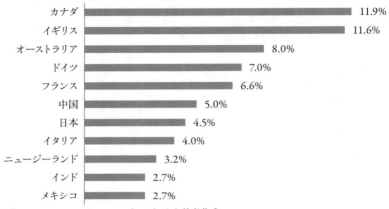

図 1-3　海外からのサンフランシスコ訪問者の主な居住国
　　　　（上位 10 カ国，2010 年訪問者調査）

（出所）Destination Analysts, Inc.（2011）より筆者作成。

　ヨーロッパのイギリス，ドイツ，フランス，また，アメリカ大陸から遠く離れたオセアニアの主要な国々，さらにアジアの中国，日本，インドから訪れた者も多かった。このように，サンフランシスコは，アメリカの多様な都市に住む人々，さらに，世界各地に住む人々の間で人気の高い観光都市であると言える。

　サンフランシスコへの訪問者の中で圧倒的に多いのは，個人旅行で同市を訪れたリピート客である。2010 年訪問者調査の結果によると，全回答者に占める添乗員付きツアー客の比率は 2.4％に過ぎず，残りの 97.6％は個人旅行者であった。また，サンフランシスコを初めて訪れた人が全訪問者に占める割合は 25.7％と低く，74.3％はリピート客であった。サンフランシスコ訪問者の年齢および同伴者，収入を見ると，25 歳から 54 歳までの人が全回答者の 62.2％を占めて最も多く，一方，25 歳以下の人は全回答者の 9.3％，65 歳以上の訪問者は全回答者の 2.8％に過ぎなかった[5]。旅行グループの平均人数は 2.4 人であり，回答者のうち，17 歳以下の子供連れの人の比率は 14.9％と低かった。また，回答者の 4.7％は，自らカミングアウトしている

5　無回答率は 10.1％である。

GLBTであった。回答者の平均世帯年収は9万8591ドル（1183万円，1ドル = 120円で換算。為替レートは，以下同様）であり，2010年全米世帯年収の中央値である5万1144ドル[6]をはるかに上回っていた。旅の計画にあたって利用した情報源を尋ねたところ（複数選択可），40.9％の回答者はオンラインの旅行会社を，45.0％の回答者は他のウェブサイトを利用したと答え，一方，従来の旅行代理店で情報収集をしたと答えた回答者は7.3％しかいなかった。このように，サンフランシスコは，小さな子供を連れた家族旅行で訪れる都市というよりも，成人のカップルや友達同士が休暇のために訪れる都市であると言える。サンフランシスコの訪問客には20代後半の青年と中年が多く，彼らは新しい情報技術を使いこなすことができ，情報収集の能力が高く，また，旅行の経験が豊富である。こうした，可処分所得が高く，経験豊富な旅行者が，繰り返しサンフランシスコを訪れているという事実が，2010年訪問者調査の結果から明らかになった。

サンフランシスコの訪問者の活動

サンフランシスコの訪問者は，同市滞在中，どのような交通機関を利用し，どのような活動を行っていたのか。表1-2は，サンフランシスコの訪問者が

表1-2　サンフランシスコ訪問者が同市滞在中に利用した交通手段（2010年訪問者調査）

交通手段		利用した訪問者の比率（複数回答）
自転車		5.2％
バイク		5.8％
レンタカー		14.6％
自家用車		35.1％
タクシー		38.1％
公共交通	ケーブルカー	27.6％
	ベイエリア高速鉄道（BART）	26.7％
	市営バス・電車	22.9％
	路面電車	18.3％

（出所）Destination Analysts, Inc.（2011）より筆者作成。

6　Noss（2012）による。

同市滞在中に利用した交通機関について，2010年訪問者調査の結果を示したものである。この表に示されるように，回答者のうち，自家用車を利用したと答えた人は全体の35.1％であった。ベイエリアの日帰り旅行者や，カリフォルニア州の他の都市からの訪問者が，車でサンフランシスコに訪れ，同市で車を利用したことが推測される。一方，レンタカーを利用した回答者の比率は14.6％に過ぎず，各種公共交通手段を利用した回答者の比率よりはるかに低かった。アメリカの多くの地域では車に依存した日常生活をおくり，また，旅行中もレンタカーの利用が一般的であるにもかかわらず，公共交通が整備されているサンフランシスコでは，訪問者が積極的に同市の公共交通を利用したことが示されている。さらに興味深いのは，回答者の5.2％が自転車を利用したことである。サンフランシスコにおいて，整備された自転車道が観光客に評価されていること，また，観光客が自転車道を利用して同市の景観を隅々までゆっくりと楽しんでいることがうかがえる。

　図1-4は，サンフランシスコ訪問者が同市滞在中に行った活動に関して，活動リストから複数回答で選択してもらった結果を示している。この図に示されるように，サンフランシスコの訪問者は，同市滞在中，レストランでの食事やショッピング，美術館訪問，バスツアーへの参加といった都市観光客

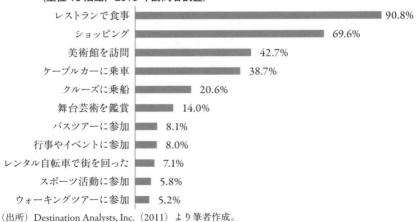

図1-4　サンフランシスコの訪問者の同市滞在中の活動
　　　（上位10活動，2010年訪問者調査）

（出所）Destination Analysts, Inc.（2011）より筆者作成。

一般に見られる活動に加えて，ケーブルカーに乗車したり，自転車をレンタルして街を回ったり，ウォーキングツアーに参加したりと，都市観光客一般には必ずしも見られない活動も行っていた。

　サンフランシスコのケーブルカーは，同市に古くからある公共交通手段である。しかし，1947年，当時のサンフランシスコ市長ロジャー・ラファム（Roger Lapham）は，市が所有する路線を閉鎖しようとした。これに対して，フリーデル・クルスマン（Friedel Klussmann）女史をはじめとした27人の女性市民が「ケーブルカーを救う市民委員会」（Citizens' Committee to Save the Cable Cars）を組織し，ケーブルカー閉鎖に対する反対運動を起こした。その結果，市がケーブルカーの運営を続けることを定めた条例が住民投票を通過した。こうして，市民の草の根運動によって救われたケーブルカーは，現在もサンフランシスコの重要な観光資源のひとつとして，多くの訪問者に楽しまれているのである。

　ケーブルカー乗車に加えて，サンフランシスコの訪問者の多くは，自転車に乗ったり，ウォーキングツアーに参加していた。これらのツアーの多くは，近隣地区，とりわけその中心にある商店街を回るツアーである。例えば，サンフランシスコの専門情報誌 *7X7 Magazine* 誌において同市最良のウォーキングツアーとして紹介されている「サンフランシスコシティガイズ」（San Francisco City Guides）が毎週日曜日に開催している15のツアーのうち，8つは近隣地区を回るツアーである[7]。このように，サンフランシスコの近隣地区は，市民が暮らし，仕事をする場所であると同時に，人気の高い観光スポットでもある。

　サンフランシスコの近隣地区が観光資源としての重要性を有していることは，訪問者が訪れたエリアや，食事およびショッピングをした場所に関する調査結果にも裏付けられている。図1-5は，サンフランシスコ訪問者が最も多く訪れたエリアについて，2010年訪問者調査の結果を示したものである。この図に示されるように，過半数の回答者は，ユニオンスクエアという高級

7　サンフランシスコシティガイズは，ボランティアのガイドによって組織される非営利団体である。提供しているウォーキングツアーの参加費は無料であるが，寄付金を募っている。ツアーの内容は，ボランティアガイドの提案によって常に変化する。2014年10月の日曜日には，15のツアーが開催されていた。

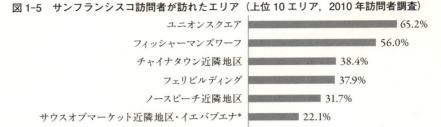

図1-5 サンフランシスコ訪問者が訪れたエリア（上位10エリア，2010年訪問者調査）

(注) ＊．サウスオブマーケット近隣地区とイエバブエナは，2つの隣接する地区である。前者は近隣地区であり，後者は都市再開発事業によって建設された芸術センターである。たしかに，この2つの地区を訪れた人すべてを，サウスオブマーケット近隣地区を訪れた人として取り扱うことはできない。しかし，2010年サンフランシスコ訪問者プロフィール調査の結果によると，イエバブエナを訪れたと答えた回答者は，全回答者の10.0%であったため，サウスオブマーケット近隣地区を訪れた回答者の比率は少なくとも12.1%を超えていると考えられる。
　　＊＊．市役所と周辺エリアは，市役所と周辺の広場だけではなく，サンフランシスコアジア美術館，サンフランシスコ市立図書館，UNプラザなどが含まれる広いエリアを指す。
（出所）Destination Analysts, Inc.（2011）より筆者作成。

　ブランドショップや百貨店が林立するサンフランシスコ最大の都心商業集積や，フィッシャーマンズワーフという同市最大の娯楽施設の集積地を訪れていた。しかし，それと同時に，多くの訪問客は，近隣地区も訪れたと回答している。実際，チャイナタウンやノースビーチ，サウスオブマーケットというマイノリティが多く居住する近隣地区は特に人気が高く，これらの近隣地区を訪れたと回答した訪問者は，国定歴史建造物に指定されているサンフランシスコ市役所を訪れたと答えた訪問者を上回った。
　図1-6は，サンフランシスコ訪問者がレストランを利用した際に最も多く訪れたエリア，図1-7は，サンフランシスコ訪問者が買い物をした際に最も多く訪れたエリアについて，2010年訪問者調査の結果を示したものである。これらの2つの図に示されるように，サンフランシスコ訪問者の多くは，ユニオンスクエアとフィッシャーマンズワーフという同市最大の小売・飲食・娯楽集積を利用すると同時に，多様な近隣地区のレストランで食事をし，買い物をしていた。訪問者に人気の高い近隣地区として，ノースビーチやチャ

図 1-6　サンフランシスコ訪問者がレストランを利用した際に最も多く訪れたエリア
　　　　（上位 10 エリア，2010 年訪問者調査）

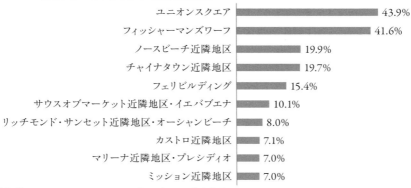

（出所）Destination Analysts, Inc.（2011）より筆者作成。

図 1-7　サンフランシスコ訪問者が買い物をした際に最も多く訪れたエリア
　　　　（上位 10 エリア，2010 年訪問者調査）

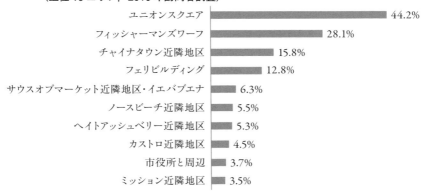

（出所）Destination Analysts, Inc.（2011）より筆者作成。

イナタウン，サウスオブマーケットなどがあげられる。これらの近隣地区における商店街の小売・飲食店の合計面積は，ユニオンスクエアのそれとは比べものにならないほど狭い。また，観光客のために建設された娯楽施設もほとんどない。それにもかかわらず，多くの訪問者が同近隣地区を訪れ，飲食とショッピングを楽しんだのである。このように，サンフランシスコの近隣地区の商店街は，地元住民がショッピングしたり，社交したりするコミュニ

ティの中心として機能しているだけではなく，人気の高い観光スポットでもあるのである。

サンフランシスコに対する訪問者の評価

　サンフランシスコの訪問者は，同市を高く評価している。2010年訪問者調査では，98.3％の回答者が再度サンフランシスコを訪れたいと答えた。こうした調査結果は，サンフランシスコ訪問者のリピート率の高さと，サンフランシスコの人気の高さを裏付けている。図1-8は，サンフランシスコの最も好きな点について，自由に回答してもらった結果を示したものである。この図に示されるように，訪問者たちは，サンフランシスコの街全体の雰囲気や美しい都市景観，芸術・文化，食・食文化といった，地元住民によってつくり出され，また，地元住民も享受する質の高い生活環境を最も好み，楽しんでいた。訪問者たちが，アルカトラズ島やゴールデンゲートブリッジといっ

図 1-8　サンフランシスコ訪問者が同市について最も好きな点
　　　　（上位15回答，2010年訪問者調査）

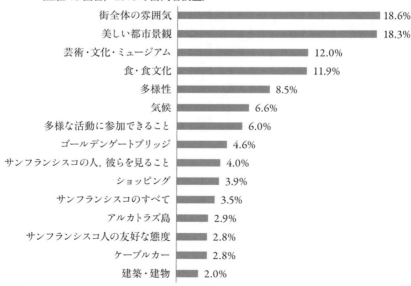

（出所）Destination Analysts, Inc.（2011）より筆者作成。

た観光名所以上に，サンフランシスコの生活環境に魅力を感じていることが，調査によって明らかになった。また，訪問者たちは，サンフランシスコの多様性を好み，サンフランシスコの住民を見ることも大いに楽しんでいる。サンフランシスコの街中には，全国展開の小売・飲食店チェーンがあふれてはいない。また，これらの店から構成される大型ショッピングモールも同市の商業地を占領してはいない。今日のアメリカでは珍しく，サンフランシスコには，多彩で特徴のある近隣地区がいたるところに存在する。そして，住民たちは主として近隣地区の商店街で買い物をする。同市が「近隣地区の連合市」（confederation of neighborhoods）と呼ばれる所以である（Switzky, 2010）。アメリカの他の多くの都市とは異なるこうした都市景観と雰囲気が，訪問者をサンフランシスコに惹きつけている。訪問者は，多様な人種・ライフスタイルが共生するサンフランシスコ市民の生活に大きな興味を示し，サンフランシスコ市民を観察することをエンジョイしていたのである。

　このように，サンフランシスコの重要な観光資源は，ユニオンスクエアとフィッシャーマンズワーフという，高級ブランドショップの集積地と娯楽施設の集積地だけではない。たしかに，これらの小売・飲食・娯楽の集積地には，多くの観光客が訪れる。しかし，1980年代以降，アメリカの大都市の多くが観光客を惹きつけるために競って大型ショッピングモールやテーマパークを建設した中，土地面積が小さいサンフランシスコが，観光客を惹きつけ続けることができた要因は，限られた面積のモールと娯楽施設だけにあるのではない。サンフランシスコは，多様な人種・ライフスタイルの住民が一緒に生活する都市であり，それぞれの人種・ライフスタイルの住民が集積する近隣地区は，同市の都市文化の重要な構成要素をなしている。サンフランシスコの訪問者は，同市の近隣地区を見学し，住民の生活と文化を体験することに，大きな楽しみを感じている。サンフランシスコの近隣地区は，同市の重要な観光資源であり，また，同市が観光客を惹きつける上で，他の都市と差別化するための重要な要素なのである。

　サンフランシスコの近隣地区は，どのように観光資源となるに至ったのか。そのプロセスにおいて，サンフランシスコの観光産業政策および都市再開発事業はどのような役割を果たしたのか。以下では，これらの問題を説明する。

2 第二次世界大戦以前のサンフランシスコの観光産業政策

　1869年，大陸横断鉄道が開通し，東海岸からサンフランシスコに旅行することが可能になった。同年，ニューイングランド出身のジョージ・クロフット（George Crofutt）が書いた『クロフット・トランスコンチネンタルガイドブック』（Crofutt's Trans-Continental Tourist's Guide）が出版され，その中でサンフランシスコ，とりわけ同市の高級ホテルが紹介された（Crofutt, 1869）。この本は，サンフランシスコを東海岸の人々に紹介した最初のガイドブックであり，大陸横断鉄道の各駅や全国の書店で販売された。1870年代に入ると，東海岸の旅行作家が書いたガイドブックや東海岸で刊行された雑誌の中で，サンフランシスコがたびたび紹介されるようになった。しかし，サンフランシスコ市当局やエリート市民は，同市を観光客にアピールすることに熱心ではなかった（Rast, 2006）。

　サンフランシスコにおいて，観光産業を促進する構想が浮上したのは，1890年代のことである。その首唱者は，高級ホテルや地元主要新聞社のオーナー，銀行家などのエリート市民であった。その背景には，19世紀後半サンフランシスコの経済が急速に発展したことを受けて，観光産業を通じて同市の富を東海岸の伝統的な大都市のエリート層に示し，サンフランシスコの名声を高めたいとの思惑があった。ゴールドラッシュが始まってからわずか30年のうちに，サンフランシスコは西海岸の金融および商業，製造業の中心へと急成長を遂げた。実際，1887年，サンフランシスコにおける銀行（26行）の総資産は，カリフォルニア州の他の銀行（148行）の総資産の約2倍であった（Issel & Cherny, 1986）。また，1890年代はじめ，サンフランシスコの輸入総額は，ニューヨーク，ボストン，フィラデルフィアに次いで全米第4位に，また，輸出総額は第5位にランキングされた（Issel & Cherny, 1986）。さらに，1860年代から，サンフランシスコの靴，たばこ，砂糖製造業の競争力が急速に高まった。とりわけ同市の砂糖製造工場は，ニューヨークやセントルイスと並び，全米で最も規模が大きいものとなった（Issel & Cherny, 1986）。1880年，サンフランシスコの人口は23万人を超え，全米

第9位の人口を誇る大都市となった。経済の急速な成長によって巨額の富を蓄積したサンフランシスコのエリート市民は，同市が東海岸の大都市に劣らず，文化の中心であることを東海岸の大都市のエリート層に認めてもらいたかったのである。1880年代末から1890年代にかけて，サンフランシスコのエリート市民は，私財を投入し，東海岸から建築家を招聘して大規模な建築プロジェクトを実施した[8]。それと同時に，サンフランシスコのエリート市民は，それまでほとんど関心を示さなかった観光産業の促進に着手した。彼らはまた，サンフランシスコがアメリカの有名都市になることによって，投資家と中産階級移民を同市に誘致することができるとサンフランシスコ市当局にアピールし，観光産業の振興に対する市当局の支持を得た（Rast, 2006）。

1890年代に入ると，アメリカの中産階級は，週末や夏休みにレクリエーションを行うようになった（Rast, 2006）。とはいえ，州境を越えての長距離旅行は，まだ数少ない上流階級の特権であった。こうした状況の中，サンフランシスコのエリート市民は，観光産業を促進する施策として，国際博覧会の開催とコンベンションの誘致を打ち出した。19世紀後半，第2回パリ万国博覧会（1867年）やシカゴ万国博覧会（1893年）など，大規模な国際博覧会が欧米の大都市で相次いで開催され，大きな成功を収めた。*San Francisco Chronicle*紙を創刊したことで巨富を築いたマイケル・デ・ヤング（Michael de Young）は，1893年のシカゴ万国博覧会において，共和党に任命されて博覧会管理委員を務めた。シカゴ万国博覧会の成功を目の当たりにしたデ・ヤングは，サンフランシスコで国際博覧会を開催したいとの考えを持つようになった。同じくシカゴ万国博覧会に参加した，カリフォルニア州最大の鉱山を所有するロバート・マクムレイ（Robert Mcmurray）や，ウェルズファーゴ銀行の頭取ホーマー・キング（Homer King）など，サンフラ

8　1865年に*The Daily Dramatic Chronicle*紙（現*San Francisco Chronicle*紙）を創刊したことで巨富を築いたデ・ヤング兄弟の弟マイケル・デ・ヤング（Michael de Young）は，シカゴの建築会社を雇い，1887年から89年にかけて，サンフランシスコに10階建ての本社ビルを建てた。これは，サンフランシスコにおける最初の摩天楼であった（Rast, 2006）。また，1889年に銀行家で実業家のクロッカー一族（Crocker family）は，ニューヨーク生まれの建築家アーサー・ページ・ブラウン（Arthur Page Brown）をサンフランシスコに招聘した。ブラウンは，サンフランシスコにおいて，同市のランドマークであるフェリビルディングを始め，多くの優れた建築物をデザインした。

ンシスコのエリート市民に話を持ちかけ，直ちに彼らの賛同を得た[9]。翌年の1894年1月27日，サンフランシスコのゴールデンゲートパークおいて，カリフォルニアミッドウィンター万国博覧会（California Midwinter International Exposition）が開催された[10]。万博会場の総面積は200エーカー（81万㎡）に達し，西欧諸国の製品や美術品を展示するパビリオンに加えて，カリフォルニア州各地の物産や機械製品を展示するパビリオンや，アメリカのマイノリティの文化を展示するパビリオンなどがあり，日本の建物も展示された。カリフォルニアミッドウィンター万国博覧会には，カリフォルニア州各地からの来場者を始め，近隣のネバダ州や西海岸の他の州からも多くの観光客が訪れ，会期の1月27日から7月4日までの間の来場者数は230万人に上った。また，*New York Times*など主要な全国紙は，この博覧会を大いに報道し，高く評価した。カリフォルニアミッドウィンター万国博覧会の開催に備えて，サンフランシスコにおける観光産業関連のビジネス，とりわけホテルは，建物をリニューアルしたり，レストランを拡大しグレードアップしたりした。カリフォルニアミッドウィンター万国博覧会をきっかけに，サンフランシスコの観光産業は本格的に発展し始めた。

　国際博覧会に加えて，コンベンションを誘致することもまた，19世紀末にサンフランシスコのエリート市民たちが力を注いだ観光振興活動のひとつであった。エリート市民たちは，上流階級と中産階級が参加するコンベンションを開くことにより，多くの善良な観光客がサンフランシスコを訪れるのみならず，これらのコンベンション参加者が，後にサンフランシスコで投資をしたり，同市に移住する可能性があると考えた。実際，カリフォルニアミッドウィンター万国博覧会が開催される以前の1892年に，デ・ヤングは共和党大会（1892 Republican National Convention）をサンフランシスコに誘致するために奔走したが，結局誘致合戦でミネソタ州のミネアポリス市（Minneapolis）に敗れている。

9　"We May Have A Fair," *San Francisco Chronicle*, June 1, 1893による。
10　カリフォルニアミッドウィンター万国博覧会に関する説明は，*The Official History of the California Midwinter International Exposition: A Descriptive Record of the Origin, Development and Success of the Great Industrial Expositional Enterprise Held in San Francisco From January to July, 1894*による。

1902 年，カリフォルニア州，とりわけサンフランシスコ市を観光客や潜在投資家に宣伝する任意組織として，カリフォルニアプロモーション委員会（California Promotion Committee）がサンフランシスコにおいて設立された。1905 年当該委員会の 28 名の主要メンバーのうち，10 名はサンフランシスコ市民であり，サンフランシスコ商工会議所（San Francisco Chamber of Commerce）やサンフランシスコ貿易委員会（San Francisco Board of Trade），サンフランシスコ商人連合会（San Francisco Merchants Association），鉄道会社サザンパシフィックカンパニー（Southern Pacific Company）など，サンフランシスコの産業界の代表が含まれていた（California Promotion Committee, 1905）。カリフォルニアプロモーション委員会は，サンフランシスコを国際都市として宣伝した。中でも，同市の立派なホテルや質の高いレストラン，高級劇場と娯楽施設，一年中安定した気候と人々の親切なもてなしをプロモーションのポイントに掲げた。カリフォルニアプロモーション委員会の宣伝と誘致活動が功を奏し，1897 年から 1904 年までの間に，キリスト教共励会（Christian Endeavor Society）全国大会，全米銀行協会全国大会，米国公的分析化学者協会（Association of Official Analytical Chemists）全国大会など，11 のコンベンションがサンフランシスコで開催され，大会を組織する人々の間ではサンフランシスコがコンベンションシティであるというイメージが確立した（Rast, 2006）。

　1906 年の大地震とその後の火災によって，サンフランシスコのダウンタウン地区はほぼ全焼した。しかし，震災後，サンフランシスコは迅速に再建された。そして，再整備された観光産業のインフラは，震災前より優れたものであった。地震発生からわずか 3 年後の 1909 年，サンフランシスコのホテル数は 150 軒に上り，そのうち，ザ・フェアモントサンフランシスコ（The Fairmont San Francisco）やザ・セントフランシス（The St. Francis：現ウェスティンセントフランシス），パレスホテル（Palace Hotel）は全国有数の高級ホテルであった。また，ダウンタウンに隣接するチャイナタウンでは，中国系アメリカ人銀行家のルック・ティン・エリ（Look Tin Eli）と商人のトン・ボン（Tong Bong），ルー・ヒン（Lew Hing）らが，白人観光客を惹きつけるために，白人がイメージする中国建築をつくり上げ，チャイナタウンをき

れいな「オリエンタルシティ」(oriental city) に再建した[11]。

　地震発生以前の 1904 年，サンフランシスコの豪商レウベン・ヘイル (Reuben Hale) は，パナマ運河の開通を祝うべく，国際博覧会を開催することを同市の財界人に提案した。1906 年のサンフランシスコ大地震で同市のダウンタウンがほぼ全焼したにもかかわらず，ヘイルは国際博覧会を開催する考えを捨てず，財界人を集めて「太平洋万国博覧会会社」(Pacific Exposition Company) を設立した。財界人たちは 1 人当たり 2 万 5000 ドルを，サザンパシフィック鉄道のような大企業は計 500 万ドルを同社に寄付した (Ewald & Clute, 1991)。その後，カリフォルニア州が 500 万ドルの資金を同社に提供し，また，サンフランシスコ市は 500 万ドルの債券を発行することを決めた (Ewald & Clute, 1991)。1911 年，ウィリアム・タフト大統領は，正式にサンフランシスコを万博開催都市に指定し，地震発生から 9 年後の 1915 年 2 月 20 日，パナマ太平洋万国博覧会 (Panama-Pacific International Exposition) がサンフランシスコで開幕した[12]。万博の会場となったのは，635 エーカー (257 万㎡) のサンフランシスコ湾を埋め立ててつくられた現在のマリーナ近隣地区であった。会場には壮麗なパビリオンが建てられ，世界 21 カ国，全米すべての州 (48 州)，カリフォルニア州の 50 カウンティが出展した (写真 1-1)。また，会場には世界各地のアーティストが創った 1500 もの彫刻が展示された。開幕当日には約 26 万人が来場し (写真 1-2)，会期の 2 月 20 日から 12 月 4 日までの間に約 1800 万人もの人々が博覧会を訪れた。この博覧会には，建設費だけで 1500 万ドルもの資金が投じられた[13]。博覧会を通じて，震災以前よりさらに美しい都市としてサンフランシスコが再建されたことを世に知らしめた。

　地震後，国際博覧会の開催に加えて，コンベンションの誘致も再開された。サンフランシスコの大手企業の所有者たちは，早くも 1909 年にサンフラ

11　1906 年サンフランシスコ大地震以降のチャイナタウンの再建については，第 2 章を参照されたい。
12　パナマ太平洋万国博覧会に関する説明は，サンフランシスコのパレスオブファイン・アーツ (Palace of Fine Arts) のホームページ (http://www.lovethepalace.org/index.html) による。
13　パナマ太平洋万国博覧会は，コストを差し引いても，100 万ドルの利益を生み出した (Ewald & Clute, 1991)。

写真 1-1　パナマ太平洋万国博覧会の全景

（写真提供）San Francisco History Center, San Francisco Public Library.

写真 1-2　パナマ太平洋万国博覧会開幕の日に入口で待つ入場者

（写真提供）San Francisco History Center, San Francisco Public Library.

ンシスコ観光協会（San Francisco Convention & Tourist Bureau：現 San Francisco Travel Association）を設立した。彼らは，協会の主な役割をコンベンションの誘致に定めた（San Francisco Convention & Tourist Bureau, 1937）。コンベンションを誘致するために，観光協会は①サンフランシスコをプロモーションし，②コンベンションの開催団体に各種のサービスを提供し，③アメリカ各地で開催されたコンベンションイベントのデータを収集し分析する，といった3つの活動を行うようになった。サンフランシスコをプロモーションするために，サンフランシスコ観光協会は，同市を紹介するパンフレットと雑誌，さらにプロモーション映画 "Wings Over the Golden Gate" を制作した。パンフレットと雑誌を定期的にアメリカの主要団体に送付し，サンフランシスコ港に寄港するすべての定期船やイギリスの映画館でプロモーション映画を放映した。また，サンフランシスコ観光協会の職員が全米の主要団体を訪問し，コンベンションの開催都市としてサンフランシスコを強くアピールした。プロモーション活動に加えて，サンフランシスコ観光協会は，コンベンションの主催団体が参加者を募ることも手伝った。例えば，コンベンションの主催団体がメンバーに郵送するサンフランシスコの紹介パンフレットを観光協会が提供した。また，主催団体に代わってサンフランシスコのホテルと交渉し，部屋を確保し，料金をより安く設定できるように尽力した。さらに，サンフランシスコ観光協会は，コンベンションに関するデータを収集し分析するために，4500ドルを投じて1930年に新しいファイリングシステムを導入した。その後も毎年2000ドルをかけてファイリングシステムを維持していた。1910年，サンフランシスコでは，地元組織主催のものを除き27のコンベンションが開催されたが，これらの努力によって，その数は大恐慌の前年である1928年に236に増加した。また，大恐慌期の1936年にも145コンベンションが同市で開催された（San Francisco Convention & Tourist Bureau, 1937）。

このように，第二次世界大戦以前のサンフランシスコにおける観光振興の主な推進者は，ホテルや鉄道，銀行，新聞社などの大手企業のオーナーや豪商であり，彼らはサンフランシスコの大地主でもあった。彼らはイニシアチブをとり，サンフランシスコ観光協会を組織し，資金を調達した。彼らは，

観光振興政策の重点を，国際博覧会のような大型イベントの開催とコンベンションの誘致においていた。これらの財界の巨頭は，巨大な資金力とネットワークによって，サンフランシスコ市当局にも大きな影響を及ぼした。彼らの観光振興政策がそのままサンフランシスコ市当局の政策となったと言える。こうしたサンフランシスコの主要な観光促進団体とその影響力，さらにその政策方針は，第二次世界大戦以降も基本的には変わらなかった。

3 第二次世界大戦以降のサンフランシスコの観光産業政策

　第二次世界大戦後も，サンフランシスコ観光協会は，相変わらずサンフランシスコ市最大かつ最有力の観光産業促進団体であり続けている。サンフランシスコ観光協会は，非営利目的の私的企業連合であるにもかかわらず，事実上サンフランシスコの観光政策の立案と実行を担っている。この点こそ，サンフランシスコの観光産業の大きな特徴であると言える。サンフランシスコ観光協会は私的企業連合であるため，その構成メンバーや活動，予算に関する記録が少ない。また，当該組織がサンフランシスコの訪問者に対して定期的に実施している調査の結果もほとんど公開されていない。本節では，サンフランシスコ市立図書館歴史センターのアーカイブ資料に基づいて，戦後サンフランシスコ観光協会が進めた観光促進戦略とその活動を説明する。

　サンフランシスコ観光協会は，1909年にサンフランシスコの大手企業によって設立された。戦後も主要な観光関連企業の多くが同協会に加盟し，大手企業が主導権を握るサンフランシスコ市最大の観光促進団体である。2012年，サンフランシスコ観光協会の職員数は80名を越え，加盟企業1500社以上，予算額2620万ドル（約31億円）に達する大規模な団体である。サンフランシスコ観光協会には45名の理事がおり，その中には，大手銀行ウェルズファーゴ，航空会社バージンアメリカ，クルージング会社ホーンブラワークルーズ（Hornblower Cruise），高級ホテルのヒルトン・ユニオンスクエアサンフランシスコやシェラトン・フィッシャーマンズワーフ，エンタープライズレンタカー，空港免税店DFS北米，高級ブランドショップのティファニー，有名レストランのワンマーケットレストラン（One Market

Restaurant) やスランテッドドア (Slanted Door), バスケットボール球団ゴールデンステートウォリアーズ (Golden State Warriors), 大手チケット販売会社シティパス (CityPASS), グーグル社など, サンフランシスコの観光産業と関連の深い大手会社の役員が含まれている。

　2012年サンフランシスコ観光協会の予算額2620万ドルのうち, 半分以上は公的資金によって賄われた。戦後ほとんどの時期において, サンフランシスコ観光協会の予算の半分以上は公的基金によるものである。こうしたことから, 当該観光協会がサンフランシスコの公式観光促進団体であること, また, 同市の観光産業政策の立案と実施を実質的に担っていることがうかがえる。サンフランシスコ観光協会の予算に投入された公的基金は主に2つある。ひとつはホテル税基金 (San Francisco Hotel Tax Fund) である。1961年, サンフランシスコ市ではホテル税が導入された。税率は導入当初の6％から徐々に引き上げられ, 1996年以降14％となっている。もうひとつの公的基金は, 「観光改善地区」(Tourism Improvement District, TID) に立地するホテルから徴収される負担金である。2008年にサンフランシスコ市議会は, 同市にTIDを設立することを決定した。翌年の2009年以降, サンフランシスコ市の財務と収税オフィス (San Francisco Treasurer and Tax Collector's Office) が, TID地区にあるすべてのホテルから, ルーム賃料収入の1.5％または1％に相当する負担金を徴収するようになった[14]。1962年度から2000年代末まで, サンフランシスコ観光協会の予算の半分以上はホテル税基金によって賄われ, 1987年度その比率は58％, 1991年度その比率は54％程度であった (San Francisco Convention & Visitors Bureau, 1988, 1992)。TIDが

14　サンフランシスコのTID地区は, ゾーン1とゾーン2に分かれており, ゾーン1に立地するホテルは, ホテルのルームの賃料収入の1.5％を, ゾーン2に立地するホテルは, ホテルのルーム賃料収入の1％をサンフランシスコ市の財務と収税オフィスに支払わなければならない。ゾーン1は, バンネスアベニュー (Van Ness Avenue) とサウスバンネスアベニュー (South Van Ness Avenue) より東, シックスティーンスストリート (16th St) より北の地区であり, 中心業務地区が含まれる。ゾーン2は, バンネスアベニューとサウスバンネスアベニューより西, シックスティーンスストリートより南の地区である。TID負担金は以下の3つの場合免除される。すなわち①連続30日以上ホテルに宿泊した顧客の部屋, ②航空会社が乗務員宿泊のためにホテルと契約した部屋, ③非営利団体が利用する部屋の賃料である。負担金を支払う義務があるホテルは, 負担金をホテルの宿泊客から徴収することができ, その場合, 料金明細書にホテル代とは別に「観光改善地区負担金」(Tourism Improvement District Assessment), または「観光地区負担金」(Tourism District Assessment) と明記しなければならないということが定められている。

設立された後も，サンフランシスコ観光協会の予算の半分以上は，TID 負担金およびホテル税基金によって賄われている。実際，サンフランシスコ観光協会の 2012 年度予算の 64％は TID 負担金，7％はホテル税基金とサンフランシスコ国際空港からの拠出金によって賄われ，私的資金（協会メンバーの会費，協会活動からの収入など）が予算に占める比率は 29％に過ぎなかった[15]。私的企業連合であるサンフランシスコ観光協会は，実質上サンフランシスコの観光産業の政策立案者であり，実施者である。

　戦後におけるサンフランシスコ観光協会の観光促進の戦略方針は，戦前と同じように，コンベンション誘致であった。このことは，戦後から 1980 年代まで，同協会が出版したプロモーション資料の冒頭に「サンフランシスコはコンベンションシティだ」（San Francisco is a convention city）というキャッチフレーズが書かれていたことに示されている。また，サンフランシスコ観光協会の組織構成からも，コンベンション誘致を中心に据えた戦略方針がうかがえる。現在サンフランシスコ観光協会のオフィスは 4 カ所あり，サンフランシスコの①本部オフィスと②観光情報センター（VIC）に加えて，③ワシントン D.C. と④シカゴの 2 つの都市にもコンベンションセールスオフィスを構えている。また，本部オフィスの 8 つの部門のうち 2 つがコンベンション関連の部門（コンベンションセールスとコンベンションサービス）であり，多くの職員が配置されている[16]。

　戦後，サンフランシスコ観光協会は，コンベンションを誘致するために，サンフランシスコを宣伝する雑誌やパンフレット，映画を制作し，同市のプロモーションに力を入れた。それと同時に，大規模なコンベンション・展示施設を建設するよう，サンフランシスコ市当局に強く働きかけ続けた。一方，サンフランシスコ市当局は，コンベンション・展示施設の建設に関して，サンフランシスコ観光協会と同じ考えを持ち，積極的にこれを推し進めた。というのも，1950 年代サンフランシスコ市では，他のアメリカ大都市と同じように，主要産業であった製造業が衰退したため，市当局としては同市の主

15　San Francisco Travel Association ホームページ（http://www.sanfrancisco.travel/about/about.html）による。
16　他の 6 つの部門は，①メディア関係，②マーケティング，③パートナーディベロップメント，④メンバーサービス，⑤観光事業部，⑥総務部である。

要産業を金融と貿易, 観光産業へと転換させたかったからである。市当局と大手企業の連合であるサンフランシスコ観光協会の思惑が一致したことで, 1958年には8289㎡もの広さを誇る展示場ブルークスホール（Brooks Hall）が建設され, 1964年には既存のコンベンション施設シヴィックオーディトリウム（Civic Auditorium）がリニューアルされた。さらに, 1966年, サンフランシスコのCBD地区に隣接するサウスオブマーケット近隣地区において, 87エーカー（約35万㎡）にも及ぶ都市更新事業「イエバブエナセンター」（Yerba Buena Center）を実施する計画が市議会を通過した。この事業では, 事業実施予定地にある建物を取り壊し, その跡地にコンベンションセンターやホテル, オフィス, 大規模な高級小売施設, 中産階級や富裕層向けの住宅を建設することが計画された。

　しかし, サウスオブマーケット近隣地区は, 中小企業や安いレジデンシャルホテル（residential hotels）, レストランが集積した地区であったため, 事業実施予定地の中小企業のオーナーと住民たちは立ち退きを拒否し, 反対組織TOOR（Tenants and Owners in Opposition to Redevelopment）を立ち上げ, 激しい反対運動を起こした。1969年にTOORは, 低所得者に法律サービスを提供する組織SFNLAF（San Francisco Neighborhood Legal Assistance Foundation）[17]の支援を得て訴訟を起こし（Hartman, 1974）, 訴訟は1979年まで10年間続いた。この間, 市民グループに支持基盤があり, 近隣地区を取り壊す都市更新事業に反対した革新派候補者ジョージ・モスコネ（George Moscone）が, 経済成長路線を支持した候補者を選挙で敗り, 1975年に市長に就任した。こうした状況の中, 1976年サンフランシスコ観光協会は, モスコネ市長がイエバブエナセンター事業を再検討するために組織した特別委員会宛に, 要望書「コンベンション施設に対するコミュニティの要請」（Community Need for Convention Facilities）を提出し, イエバブエナセンター事業の実施を強く訴えた。要望書において, 観光協会のジェネラル・マネージャーであったロバート・スリバン（Robert Sullivan）は, 観光産業はサンフランシスコ最大の産業であり, 最大の雇用者であると主張した上で, サン

17　SFNLAFは連邦政府が資金援助を行う機関である（Hartman & Carnochan, 2002）。

写真 1-3　イエバブエナセンター事業で建設されたコンベンションセンター

（出所）筆者撮影。

フランシスコのコンベンション施設の面積はアメリカで第52位という低いレベルに甘んじているという当該協会の調査結果を示した。サンフランシスコの観光産業の競争力を維持するために，さらなる大規模コンベンション施設の建設が不可欠であると力説したのである。要望書の最後においてスリバンは，「サウスオブマーケットの87エーカーの荒廃地区を，サンフランシスコ人が自慢できるエリアに改造」しなければならないと結論付け（Sullivan, 1976），都心の一等地に，中小企業・住宅街・商店街が密集する近隣地区が存在することは，サンフランシスコの恥であり，同市の観光産業の足かせである，という観光協会の認識をはっきりと示した。

　住民と市当局の紛争により，1970年代後半まで，イエバブエナセンター事業が本格的に実施されることはなかった。しかし，1978年，モスコネ市長が暗殺され，開発主義に傾いたダイアン・ファインスタイン（Dianne Feinstein）が市長に就任して以降，イエバブエナセンター事業の実施ペースは急速に上がった。1981年，サンフランシスコ最大のコンベンションと展

示場の複合施設「モスコネコンベンションセンター」(Moscone Convention Center) がオープンした（写真1-3）[18]。皮肉なことに，イエバブエナセンター事業で建設されたコンベンション・展示場の複合施設には，当該事業に必ずしも賛成しなかった元モスコネ市長の名前が付けられた。

　大規模なコンベンション・展示施設を建設し，コンベンションを誘致するというサンフランシスコ観光協会の基本方針は，サンフランシスコがコンベンションシティとしての地位を維持し続けたことには大きく貢献したかもしれない。しかし，こうした方針がサンフランシスコの観光産業全体の発展に果たした役割は非常に限定的なものであった。その理由は2つある。ひとつは，少なくとも1960年代後半から，サンフランシスコの観光産業の主な顧客は，コンベンション参加者から一般の観光客へと移行しており，観光客の消費支出が同市の観光収入の過半を占めたからである。サンフランシスコ観光協会のコンベンション誘致の努力により，1981年にサンフランシスコは全米のコンベンション参加者の2.9%を獲得し，参加者シェアはアメリカ都市中第8位にランキングされた。約10年後の1992年にも第10位にランキングされ（Judd, 1999），コンベンションシティとしての高い競争力を示した。しかしその一方で，少なくとも1960年代後半から，サンフランシスコの観光産業の主要な顧客は観光客へと移った。実際，1969年のサンフランシスコ訪問者の状況を見てみると，コンベンションに参加するためにサンフランシスコを訪れた人は46万3000人であり，その支出総額は1億144万ドルであった。それに対して，同年，サンフランシスコを訪れた非コンベンション参加者（観光客とビジネス客）の数は，カリフォルニア州以外の地域からの人だけでも206万6621人に上り，彼らのサンフランシスコ滞在中の消費金額は1億745万ドルであった（San Francisco Convention & Visitors Bureau, 1970）。これらの調査には，サンフランシスコ周辺のベイエリアからの日帰り観光客は含まれていないため，日帰り観光客を入れると，非コンベンション参加者の人数および支出額はさらに高くなったはずである。実際，2010年訪問者調査によると，会議・コンベンションに参加するためにサンフラン

18　1950年代から80年代までのサウスオブマーケット近隣地区の変化については，第4章を参照されたい。

表1-3 コンベンション参加者と非コンベンション参加者の支出先の比較
(1969年,単位:%)

項目	ホテル・モーテル	レストラン	飲料水	小売店	交通費・観光代	レクリエーション・ナイトクラブ	個人サービス
コンベンション参加者	35.4	26.9	4.4	15.3	8.5	5.8	3.7
非コンベンション参加者	23.5	27.1	5.0	18.9	10.9	9.1	5.5

(出所) San Francisco Convention & Visitors Bureau (1970) より筆者作成。

シスコを訪れた人が同市の全訪問者に占める比率は7.1%であり、1960年代よりさらに低下していた。

　コンベンション参加者と観光客の消費パターンは大きく異なる。表1-3は、1969年にサンフランシスコを訪れたコンベンション参加者と非コンベンション参加者の支出先の比較を示したものである。この表に示されるように、コンベンション参加者の支出のうち最も金額が高い項目はホテル・モーテル代であり、支出の3の1以上を占めた。一方、観光客について見てみると、ホテル・モーテル代は総支出の4分の1以下であり、レストランや小売店、レクリエーション、ナイトクラブ、個人サービスに対して支払った金額が総支出に占める比率が、コンベンション参加者より高かった。このように、ホテルやコンベンションホールで多くの時間を費やすコンベンション参加者とは異なり、非コンベンション参加者は、サンフランシスコの小売店やレストラン、レクリエーション施設、ナイトクラブをめぐることを楽しんだのである。巨大なコンベンション施設に占領されるような都市は、観光客に旅行先として選ばれるどころか、むしろ敬遠されるであろう。

　大規模なコンベンション・展示施設を建設し、コンベンションを誘致するというサンフランシスコ観光協会の基本方針が、観光産業全体の発展に必ずしも大きく貢献しなかったと結論付けられるもうひとつの重要な理由は、コンベンション参加者が、非コンベンション参加者と同じように、コンベンション施設よりも、サンフランシスコの都市生活環境の方を高く評価したからで

表 1-4　コンベンション参加者と非コンベンション参加者がサンフランシスコについて好きな点（上位 10 項目，1970 年）

順位	コンベンション参加者	非コンベンション参加者
1	レストラン・食	レストラン・食
2	都市の景観	都市の雰囲気
3	都市の雰囲気	都市の景観
4	天候・気候	フィッシャーマンズワーフ
5	フィッシャーマンズワーフ	娯楽・ナイトライフ
5	娯楽・ナイトライフ	天候・気候
7	ケーブルカー	ケーブルカー
8	街の人々	街の人々
9	小売店	小売店
10	ホテル・モーテル	チャイナタウン

（出所）Wassenaar & Oestreich（1972）Table 19, p.54 により筆者作成。

ある。しかし，こうした都市生活環境を構成する都市部の住宅街や商店街，中小企業の集積は，まさにサンフランシスコ観光協会が観光産業の足かせとしてみなし，市当局に働きかけて取り壊そうとしたものである。表1-4は，1970年にサンフランシスコを訪れたコンベンション参加者と非コンベンション参加者に対して，サンフランシスコの最も好きな点3つを尋ねたところ，回答に挙がった上位10の項目を示したものである。この表に示されるように，順位に細かい違いはあるものの，第10位を除き，コンベンション参加者と非コンベンション参加者は同じ選好ポイントを挙げていた。サンフランシスコでは，レストランや食文化，当時はまだ漁港でありレストランが集積していたフィッシャーマンズワーフ[19]，ナイトライフ，古いケーブルカー，街の人々，小売店といった都市住民の生活環境が訪問者を魅了していたのである。また，1960年代以降，サンフランシスコでは，都市再開発事業に対して市民の反対運動が続いた。それらの反対運動によって，アメリカの他の都市とは異なり，サンフランシスコには近代的な高層ビルが林立していない。しかし，このようなサンフランシスコの雰囲気と都市景観こそが，コンベンション参加者と非コンベンション参加者双方からむしろ高く評価さ

19　フィッシャーマンズワーフにある大規模な娯楽集積ピア39は，1977年に着工し，1978年にオープンしたものである。

れた。

　コンベンションの誘致が都市に対してより大きな利益をもたらすためには，コンベンション参加者が，将来観光客として都市を再訪問する機会をつくらなければならない。たしかに，団体の担当者は，コンベンションの開催都市を選択する際に，近代的で，大規模なコンベンション・展示施設の有無を条件としている。しかし，コンベンション参加者が旅行先を選ぶ際には，大規模なコンベンション・展示施設が林立し，自分たちの居住地と同じようなチェーン店が商業地を占領するような都市は必ずしも好まれない。むしろ，旅先の都市において，質の高い生活環境を楽しむことができ，コミュニティの人々に溶け込み，彼らの生活と文化を体験することができる都市が，観光客に好まれるのであろう。この点は，表1-4の調査結果にはっきりと表れていると考えられる。この意味で，都市部の歴史的近隣地区を観光産業の足かせとみなし，それを取り払って，コンベンションや展示イベントだけにしか利用できないような施設を建設しようとしたサンフランシスコ観光協会の方針は，サンフランシスコの観光産業の発展にむしろマイナスの影響を及ぼしたとも言えよう。

　サンフランシスコの多彩で特徴のある近隣地区が重要な観光資源であることは，1970年の調査だけではなく，約10年後の1982年にサンフランシスコ観光協会が実施した訪問者調査の結果によっても再び証明された[20]。この調査の結果，回答者がサンフランシスコ滞在中に楽しんだ上位10項目は，①レストラン・食，②都市の景観，③都市の雰囲気，④気候・天気，⑤街の人々，⑥小売店，⑦ケーブルカー，⑧サンフランシスコの美しさ，⑨フィッシャーマンズワーフ⑩サンフランシスコの建築であった（Economics Research Associates, 1982）。このように，1970年から約10年を経てもなお，訪問者をサンフランシスコに惹きつけたものは，相変わらず住民の生活環境と住民自体であった。多彩な近隣地区と，上質な都市生活環境は，依然としてサンフランシスコの最も重要な観光資源であったのである。このような調査結果が，少なくとも1970年代には得られていたにもかかわらず，観光産

20　1982年の調査は，第Ⅰ四半期サンフランシスコを訪れた訪問者に対して実施された調査であり，調査はサンフランシスコの調査会社Economics Research Associatesに委託された。

業の大手関連企業を中心メンバーとするサンフランシスコ観光協会が，同市の多様な近隣地区を重要な観光資源と認識し，プロモーションし始めたのは，1990年代以降になってからのことである（Marinucci, 1991）。ただし，そのプロモーション活動は，商店街のイベントを自らが作成するカレンダーに記載したり，観光協会のホームページで商店街を紹介したりすることに止まっている。今日，サンフランシスコの近隣地区とその商店街に関するプロモーション活動は，主にそれぞれの商店街の商人連合会によって行われている。例えば，観光客に人気の高いノースビーチの商店街では，商店街の商人連合会が商店街を紹介するパンフレットを作成し，市内の小型だが洒落たデザイナーズホテルに配るようにしている（畢，2014）。また，ユニオン通り商店街では，商人連合会がホテルのコンシェルジュを商店街に招待し，商店街の歴史を紹介したり，店舗を案内するイベントを定期的に実施している（畢，2014）。ユニオン通り商店街の商人連合会は，コンシェルジュが宿泊客に当該商店街を薦めることを通じて，観光客を誘引しようとしているのである。

おわりに

本章では，サンフランシスコの観光産業に関する統計データおよびアーカイブ資料に基づき，同市の主要な観光資源を分析し，また，同市の観光産業政策が観光資源の形成と観光産業の発展に及ぼした影響を検討した。本章の結論は以下の2点にまとめることができる。

第1に，サンフランシスコの近隣地区は，同市の重要な観光資源であり，また，同市が観光客を惹きつける上で，他の都市と差別化するための重要な要素でもある。今日，観光客に特に人気の高い近隣地区は，チャイナタウン，ノースビーチ，サウスオブマーケット近隣地区である。これらの近隣地区は，人種的マイノリティ，カウンターカルチャーという文化的マイノリティと，性的マイノリティの近隣地区である。これらのマイノリティの近隣地区は，サンフランシスコ観光協会や市当局に長らく荒廃地区とみなされたが，現在はサンフランシスコ人が自慢する場所となり，また，同市の観光産業の輝く宝石となっている。

第2に，第二次世界大戦後，サンフランシスコの観光振興政策はコンベンションの誘致に貢献した一方，観光産業全体の発展には寄与しなかった。大手観光関連企業に率いられるサンフランシスコ観光協会は，同市の観光産業の実質上の政策立案主体かつ実施主体である。サンフランシスコ観光協会の観光振興戦略方針は，一貫してコンベンションの誘致であり続けた。大規模なコンベンション・展示施設を建設するために，1960年代から80年代にかけて，観光協会は市当局に働きかけて歴史的な近隣地区を取り壊した。このことは，サンフランシスコの観光産業の発展にむしろマイナスの影響を及ぼした。サンフランシスコの近隣地区が観光資源になったのは，地域住民・商人・活動家が自らの生活空間と文化を取り壊しから守るために，権力に対して立ち上がった結果であり，また，彼らが住環境を改善し，積極的に起業をした結果である。

第2章 チャイナタウン

Chinatown: from a ghetto to gateway
チャイナタウン：(中国人苦力[1]の) ゲットーから，アメリカ社会の入り口へ
Chinatown by KQND
(KQND制作のドキュメンタリー映画「チャイナタウン」)

はじめに

　サンフランシスコのチャイナタウンは，同市の近隣地区の中で最も多くの観光客が訪れる地区である。同市のチャイナタウンは，1850年代のゴールドラッシュによって形成された。現在までに約160年の歴史がある。チャイナタウンは，サンフランシスコ市の中心部に立地し，ブロードウェイストリート (Broadway St) およびコロンブスアベニュー (Columbus Ave)，カーニーストリート (Kearny St)，ブッシュストリート (Bush St)，パウエルストリート (Powell St) に囲まれた24ブロックからなるエリアである（図2-1）。チャイナタウンは，西側をサンフランシスコ屈指の高級住宅地ノブヒル (Nob Hill) と，南側を金融街ファイナンシャルディストリクトと隣接しているため，形成されてから幾度となく現在地を追い出される危機に直面してきた。それにもかかわらず，160年を経た現在も，サンフランシスコのチャイナタウンは，同市の中心部に残っているだけでなく，アジア以外の地域では最も規模が大きく，また，最も活気あふれるチャイナタウンとして多くの観光客を惹きつけている。アメリカ東海岸のワシントンD.C.やカリフォルニア州都サクラメントなど，多くのアメリカ大都市において，チャイナタウ

---

[1] 苦力は，旧中国において用いられた，低賃金未熟練労働者に対する呼称である。

図 2-1 チャイナタウンの範囲

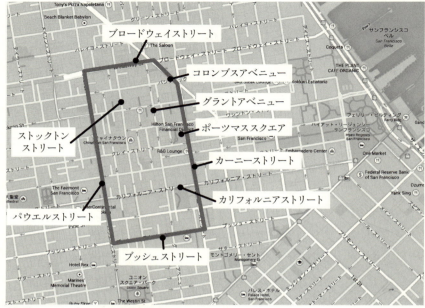

(出所) Google データにより筆者作成。

ンが観光スポットとしての魅力を失いつつある中, サンフランシスコのチャイナタウンは, なぜ今でも多くの観光客を惹きつけているのか。

　サンフランシスコのチャイナタウンで生まれ育ち, 定年後ボランティアとしてチャイナタウンのウォーキングツアーのガイドを務めているエスター・クワン (Esther Kwan) は,「サンフランシスコのチャイナタウンが観光客の間で人気が高いのは, それがテーマパークだからではなく, 現在もなお中国系アメリカ人のコミュニティの中心だからである」と説明した[2]。19 世紀半ばから現在までに, サンフランシスコのチャイナタウンの住民は,「クーリー」(Coolie labor) と呼ばれた単身の中国人男性労働者から, 戦災から逃れようとした難民家族へ, さらに自分の子供に良い教育の機会を与えようとした労働者階級の家族へと大きく変化してきた。しかし, どの時代においても, チャ

---

[2] 筆者のインタビュー調査 (調査日：2014 年 8 月 23 日) による。

イナタウンは，英語をあまり話せず，貯蓄を持たない中国系移民がアメリカで最初に暮らし始める場所であり，また，彼らの子供たちがアメリカ社会での成功に向けてスタートする地点であった。これは 160 年を経た現在もまったく変わらない。この意味で，サンフランシスコのチャイナタウンは，歴史博物館でもなければ，テーマパークでもない。こうしたサンフランシスコのチャイナタウンの本物性こそが，世界中から観光客を惹きつける魅力となっている。

　本章では，サンフランシスコのチャイナタウンの歴史を説明することで，チャイナタウンが中国系アメリカ人のコミュニティの中心であり続けていることを明らかにし，また，こうした本物性が都市観光に与える影響を検討する。本章の構成は次の通りである。次の第 1 節では，中国人排斥の時代（1870 年代〜 1943 年）におけるサンフランシスコのチャイナタウンの特徴を説明し，チャイナタウンが，差別され迫害された中国人労働者の避難所であったことを明らかにする。その上で，チャイナタウンが観光スポットへと変貌を遂げたきっかけを説明する。第 2 節では，中国人排斥法が廃止された後（1943 年以降）のチャイナタウンの変遷を説明し，生活手段に乏しい中国系労働者の移民家族にとって，サンフランシスコのチャイナタウンは，アメリカ社会の入り口（gateway）となっていることを明らかにする。第 3 節では，サンフランシスコのチャイナタウンにおける非営利団体や活動家の活動を説明し，チャイナタウンが現在でもサンフランシスコの中国系アメリカ人のコミュニティの中心であり続けていることを明らかにする。おわりにでは，サンフランシスコのチャイナタウンの本物性が都市観光に与える影響を検討し，本章をまとめる。

1 中国人排斥時代のサンフランシスコのチャイナタウン

チャイナタウンの形成

　中国人が大量にカリフォルニアに移住し始めたのは，ゴールドラッシュの時期である。1848 年，カリフォルニアで金が発掘されたとのニュースが報

じられた。1850年代に入ると，中国広東省から約3万人の中国人がカリフォルニアに渡った（Yung & The Chinese Historical Society of America, 2006）。彼らの一部は，サンフランシスコの東北海岸沿いに位置したポーツマススクエア（Portsmouth Square）[3]付近でクリーニング店やレストランを始め（図2-1），ゴールドラッシュで急増したサンフランシスコの住民にサービスを提供した。ポーツマススクエアは，サンフランシスコのチャイナタウンの発祥の地である。1860年代に入ると，大陸横断鉄道を建設するために，さらに多くの中国人労働者がクーリーとしてアメリカの西部に渡った。1868年，米清の間で締結されたバーリンゲーム条約（Burlingame Treaty of 1868）によって，両国民の渡航と居住の自由が認められたことにより，中国人によるアメリカへの移住が公認されることとなった。鉄道建設が完成を迎えた後の1870年代，中国人労働者は，カリフォルニアにおける農地開拓の担い手として集められ，サクラメント川（Sacramento River）沿いの広大な沼地を豊かな農地へと開拓し，また，その農場で懸命に働いた。19世紀後半アメリカに渡った中国人労働者のほとんどは，広東省の極貧の農民であった。彼らの家族にとって，男性がアメリカまたは香港に出稼ぎに行くことが，家族が生き残るための唯一の手段であった。19世紀後半，広東省のいくつかの村では，男性の約80％が出稼ぎのために海外に渡ったという（Nee & Nee, 1972/1986）。

　初期の頃にカリフォルニアに渡った中国人労働者は，危険な労働を強いられたり，安い賃金しか支払われなかったりした。しかしその一方で，排除されたり，集団的な暴行を受けるようなことは少なかった。カリフォルニアにおいて中国人排除の風潮が高まったのは1870年代以降のことである。そのきっかけとなったのは，大陸横断鉄道の完成によって，多くの中国人労働者が解雇され，カリフォルニアの労働市場で新しい仕事を見つけなければならなくなったこと，また，1870年代終わり，サンフランシスコが深刻な経済不況に見舞われたことである。サンフランシスコの中国人労働者は，非常に低い賃金で靴製造工場や毛織工場，たばこ工場で働いた。そのため，競合す

3　ポーツマススクエアより東の地区は，後に埋め立てられたエリアである。

る白人労働者による中国人排斥の風潮が熾烈化したのである。実際，1876年におけるサンフランシスコの賃金水準を見ると，航海用のロープ工場では，白人の成人男性労働者の日給は2ドル25セントから5ドルであり，白人の児童労働者の日給は1ドルであった。一方，中国人の成人男性労働者の日給は90セントに過ぎなかった（Nee & Nee, 1972/1986）。1877年，アイルランド系移民のデニス・ケーリー（Denis Kearny）は，サンフランシスコにおいて労働者組織「カリフォルニア労働者党」（Workingmen's Party of California）を組織した。カリフォルニア労働者党は，貪欲な企業家と悪質な官僚を批判する一方で，攻撃の矛先をサンフランシスコにおける最も弱い集団にも向けた。「中国人は出て行け」（The Chinese Must Go）といったスローガンを掲げ，中国人排斥のキャンペンを展開したのである（Carlsson, 1995）。

　白人労働者による中国人労働者排除の要求が高まる中，1882年5月，アメリカ議会は中国人排除法（Chinese Exclusion Act of 1882）を通過させた。この法律によって，教師および留学生，商人，旅行者を除き，すべての中国人労働者（熟練と非熟練労働者）のアメリカ入国が10年間禁じられた。また，中国人労働者の妻のアメリカ入国も禁じられた。その後，1888年にスコット法（Scott Act of 1888）が成立すると，アメリカから一時帰国した中国人労働者のアメリカ再入国さえも禁じられるようになった。実際，スコット法が成立した当時，2万人以上の中国人労働者が再入国許可証をもって一時帰国していたが，同法の成立によって彼らの再入国許可は無効となった（Nee & Nee, 1972/1986）。1892年，中国人排除法は10年間延長され，1902年には恒久的な措置とされた。さらに，1924年国籍法（Immigration Act of 1924）によって，中国人女性の永住を目的としたアメリカ入国が禁じられるようになった。この法律によって，それまで許可されていた，在米中国人商人の妻や，アメリカ生まれの中国人の妻となった中国人女性のアメリカ入国も禁じられるようになった。

　1870年代終わり，中国人排除の風潮が高まる中，カリフォルニアの中国人労働者たちは，働いていた農場や工場，住んでいた町から追い出された。彼らの住宅は放火され，暴行されたり，虐殺されたりするケースも少なくな

第2章　チャイナタウン　53

かった。こうした状況において，中国人労働者の中には，旅費を貯めて帰国したり，アメリカ東海岸に移ったり[4]した者もいた。しかし，経済的余裕のない貧しい人々は，自らの身を守るため，サンフランシスコのチャイナタウンに逃げ込むしかなかった。1870年代までは貿易商や小さな店舗を経営する中国人商人が多かったチャイナタウンには，その後中国人労働者が急増した。こうして，サンフランシスコのチャイナタウンが本格的に形成されるようになったのである。

1906年サンフランシスコ大地震以前のチャイナタウン：単身の中国人労働者のゲットー

1882年，サンフランシスコのチャイナタウンの住民数は1万5000人に達した。彼らの多くは，ブロードウェイストリートおよびコロンブスアベニュー，カーニーストリート，カリフォルニアストリート（California St），ストックトンストリート（Stockton St）に囲まれる12ブロックのエリアに住んでいた（Yung & The Chinese Historical Society of America, 2006）。彼らはかつてのように農場や工場で働くことができなかった。従事できる仕事といえば，クリーニング屋や野菜の行商人，チャイナタウン内の中国人が経営する店の店員ぐらいしかなかった。境界線を越えてチャイナタウンの外に出た中国人は，常に白人から暴行を受ける危険にさらされた。チャイナタウンは，中国人労働者たちが安心して暮らし，また，働くことのできる唯一の場所となったのである。激しい人種差別によってチャイナタウンに閉じ込められた中国人たちにとって，英語を習得する機会など皆無であった。

サンフランシスコのチャイナタウンは，形成されてから1960年代頃までの長きに渡り，単身の男性労働者中心の社会であった。というのも，19世紀後半に渡米した極貧の中国人労働者のうち，中国人排除法施行以前に妻をアメリカに迎えていた人は非常に少なかったからである。1882年の中国人排除法によって，中国人労働者の妻がアメリカに入国することが禁じられたため，中国人労働者のほとんどは，その後1人でチャイナタウン内で生活せ

---

[4] 彼らは，東海岸はカリフォルニアほど中国人排除が激しくないと思っていた。

ざるを得なくなった。19世紀末から20世紀初頭にかけてのチャイナタウンの住民は，ほぼすべてが広東省農村部の出身であったため，出身地の伝統的な社会関係，すなわち親戚や同郷を中心とする社会関係がそのままチャイナタウンに持ち込まれた。

　広東省を始めとする中国南部の農村では，歴史的に，親類関係を重視する社会関係が根付いている。多くの村では男性住民全員が親類関係にあり，大家族の団結や家族に対する忠誠が強く強調されてきた。チャイナタウンにおいても，20世紀初頭の中国人労働者は，同姓の人々と一緒に大部屋で生活し，生活費を共同で負担していた（Nee & Nee, 1972/1986）。同姓の人は「宗親会」（clan association）[5]を組織した。宗親会は，先祖を祭るといった伝統的な儀式を行うと同時に，読み書きできないメンバーの代わりに手紙を書いたり読んだりし，郷里への仕送りを監督するなど，チャイナタウンで働く男性と広東省に残された家族との繋がりを維持する役割を果たした。

　また，宗親会の上位組織として，広東省における同じ地区の出身者が「同郷会」（district association）を組織した。宗親会より規模が大きい同郷会は，チャイナタウンで広いネットワークを持ち，中国人労働者に対して様々な支援を行った。同郷会は，サンフランシスコに到着したばかりの中国人を埠頭で迎え，必要な場合は仕事と住居を提供した。また，同郷会は，病気にかかった中国人に医療サービスを提供し，中国に帰国する手続きを手伝い，死亡した中国人の遺骨を広東省の郷里へと送り，中国人同士の紛争を調停した。このように，サンフランシスコ市当局から社会サービスを提供されることのなかったチャイナタウンにおいて，同郷会は社会サービスの実質的な担い手であった。

　1854年，同郷会の上位組織として，6つの主要な同郷会の代表から構成される委員会「駐米中華総会館」（Chinese Consolidated Benevolent Association）が組織された。駐米中華総会館は，「六大公司」（Chinese Six Companies）という通称もあり，同郷会の間の争いを調停し，チャイナタウンを代表して，サンフランシスコの中国人排斥政策に対して抗議活動を続け

5　サンフランシスコのチャイナタウンで宗親会は「公所」と表記されている。例えば，「胡家公所」は，「胡」姓の宗親会である。

た。チャイナタウンにおいて，商人は労働者より地位が上であると考えられたため，宗親会および同郷会，六大公司の代表は商人が務めた。

　もちろん，19世紀後半，すべての在米中国人がチャイナタウンで生活していた訳ではなかった。チャイナタウンは，中国人商人と労働者が生活する場所であり，中国人留学生たちは，男女を問わず，チャイナタウン以外の場で生活していた。1900年に起きた義和団事件の後，アメリカ政府は，列強諸国の中で唯一，清朝からの賠償金を中国人留学生に対する奨学金として中国に返還した。20世紀初め，従来の私費留学生に加えて，同奨学金を利用する中国人留学生たちもまた，アメリカのエリート大学で学ぶために渡米した。これらの留学生の多くは，渡米前に，天津や上海などの大都市におけるアメリカ系ミッション・スクールで学んだ経験があり，英語をすでに習得していただけでなく，西洋文化にもなじみがあった。彼らは，労働者（labors）や商人（merchants）とは区別され，学生（students）としてサンフランシスコからアメリカに入国した。そして，その後すぐ，東海岸などの大学街に赴き，大学の寮またはアメリカ人の家庭で生活していた。これらの留学生は，卒業後中国に戻り，国家のリーダーとなることが期待されていた。しかしその一方で，彼らの多くは，自分たちより階級の低い中国人の居留地としてチャイナタウンを捉えており，留学期間中にチャイナタウンを訪れることなど一度もなかった（Nee & Nee, 1972/1986）。

1906年サンフランシスコ大地震以降のチャイナタウンの再建

　サンフランシスコのチャイナタウンに大きな影響を及ぼし，今日のチャイナタウンのひな形を創り上げるきっかけとなった重要な出来事のひとつは，1906年に発生したサンフランシスコ大地震である。地震の影響は主に2つある。ひとつは，チャイナタウンの中国人を強制送還の危険から解放したことである。地震とその後の火災によって，サンフランシスコ市役所は崩壊し，市役所に保管されていた出生証明書類が焼失した。震災後，中国人労働者を含めて，チャイナタウンの住民の多くは，自分がアメリカ生まれであると申告し，その申告は認められた。こうしてアメリカに永住できるようになったチャイナタウンの中国人は，広東省の郷里に戻って子供をもうけ，その子供

写真 2-1　1906 年サンフランシスコ大地震直後のチャイナタウン

（写真提供）San Francisco History Center, San Francisco Public Library.

たちを連れてアメリカに戻った。それまでチャイナタウンには，商人の子供しかいなかったが，結果として労働者の子供が増えた[6]。

　地震がチャイナタウンに及ぼしたもうひとつの影響は，震災後の中国商人たちの努力によって，チャイナタウンを都心の一等地から追い出す，とした市当局によるたび重なる計画に終止符が打たれたことである。高級住宅地ノブヒルとダウンタウンに隣接するチャイナタウンは，公衆衛生に悪影響を及ぼすとの理由で，1880 年代から何度も，市の別の場所に移転するようサンフランシスコ市当局から迫られた（Risse, 2012）。1906 年，サンフランシスコ大地震とその後の火災によって，市の中心部に位置したチャイナタウンはほぼ全焼した（写真 2-1）。地震発生直後，ユージーン・シュミッツ（Eugene Schmitz）サンフランシスコ市長は，チャイナタウンを元の場所に再建することを許さないと明言した（Risse, 2012）。地震の発生は，サンフランシスコ市当局およびエリート市民にとって，チャイナタウンを都心から追い払い，

---

[6] 1882 年中国人排除法が施行された後も，チャイナタウンの商人の子供は相変わらずアメリカに入国することができた。しかし，中国人労働者と比べ，チャイナタウンの商人の数が非常に少なかったため，チャイナタウン内の子供の数自体が少なかった。

第 2 章　チャイナタウン　　*57*

中国人を市のはずれに隔離する絶好のチャンスであった。地震発生5日後の4月23日，市長の要請の下，エリート白人市民によって構成された委員会は，チャイナタウンの移転先を検討し，チャイナタウンを同市の南端であるハンターズポイント（Hunters Point）に移転させることを提案した。この提案に対して，六大公司と在米清朝総領事は，カリフォルニア州とサンフランシスコ市の官僚を招いて連日会議を開き，チャイナタウンの移転計画を中止させようとした。また，チャイナタウンに立地する大きな貿易会社のオーナーは，チャイナタウンが強制的に移転させられるようなことになれば，会社を隣のオークランド市，またはオレゴン州のポートランド，ワシントン州のシアトルに移すと宣言した。当時，中国からの輸入品のほとんどはサンフランシスコのチャイナタウンの商人によって輸入されており，サンフランシスコ港で陸揚げされた後，チャイナタウンの商人によってアメリカ全土にある中国商店に卸されていた。そのため，関税を含めて，チャイナタウンの中国人商人が支払う税金の額は，サンフランシスコ市の税収の3分の1にも達していた（Pan, 1995）。中国貿易商が別の都市に移転すれば，サンフランシスコ市の税収が大打撃を受けることは明白であった。

チャイナタウンの中国人のみならず，チャイナタウンに不動産を所有する白人たちもまた，チャイナタウンの移転に激しく反対した。20世紀初頭，チャイナタウンの不動産の所有者の多くは白人であり，イタリア系やドイツ系，フランス系の卸売商人，銀行家や実業家が多かった。彼ら自身はチャイナタウンには住まず，資産運用手段のひとつとして，チャイナタウンの住宅と店舗を購入したのである（Kahn, 1979; Risse, 2012）。激しい人種差別が原因で，中国人たちの多くはチャイナタウンから離れられなかったため，チャイナタウンの建物には，通常より多くの店舗が入居し，また，住宅には多くの住民が詰めこまれた。そのため，白人不動産所有者にとって，チャイナタウンは，より多くの家賃収入を長期的・安定的に得られる場所となっていた。地震発生1カ月後の1906年5月，白人不動産所有者は「デュポンストリート環境改善クラブ」（Dupont Street Improvement Club）[7]を組織し，元の場所で衛生

---

7 デュポンストリートは，今日のグラントアベニュー（Grant Ave）であり，チャイナタウンの主要道路のひとつである。

写真 2-2　1906 年サンフランシスコ大地震以前のチャイナタウンの建物（1889 年）

（写真提供）San Francisco History Center, San Francisco Public Library.

状態の良いチャイナタウンを再建するよう市当局に要請した。

　チャイナタウン移転をめぐる議論が続く中，チャイナタウンの有力商人や実業家たちは，店舗および建物の再建をいち早く開始した。これらの商人・実業家のうち特筆すべきなのは，バンクオブカントン（Bank of Canton）の創業者で銀行家のルック・ティン・エリと，商人のトン・ボン，ルー・ヒンの3人である。震災以前，チャイナタウンの建物の多くは，中国式の建築ではなかった（写真2-2）。震災後，エリら3人は，白人がイメージする中国建築を造り，チャイナタウンをきれいなオリエンタルシティとして再建することを目指した。こうすることで，白人の観光客を惹きつけ，白人による中国人嫌悪をなくそうとしたのである（Choy, 2012）。この計画は，チャイナタウンの中華総商会（Chinese Chamber of Commerce）だけでなく，サンフランシスコ不動産委員会（San Francisco Real Estate Board）からも絶賛され，実行に移された。

　白人がイメージするような，いわゆる中国式建築を造るべく，エリらは，中国人大工を使わず，アメリカ人建築家のペターソン・ロス（Paterson

第 2 章　チャイナタウン　59

写真 2-3　シンチョン（2014 年）

（注）建物の上に，パゴダが造られた。
（出所）筆者撮影。

写真 2-4　シンファ（2014 年）

（注）建物の上にパゴダが造られた。
（出所）筆者撮影。

Ross）とエンジニアの A・W・バーグレン（A. W. Burgren）に建物のデザインを依頼した。最初に完成した 2 つの建物は，シンチョン（Sing Chong）とシンファ（Sing Fat）と呼ばれる 2 つの大型小売店であった（写真 2-3 と写真 2-4）。エリはシンチョンの所有者の 1 人であり，ボンはシンファの所有者の 1 人であった。ロスとバーグレンは，これらの 2 つの建物に，中国建築を代表するものとして西洋人一般に捉えられていたパゴダを取り入れた。パゴダにカーブを描いた屋根をつけ，赤と緑と黄色という中国建築によく用いられる色を使い，中国建築というイメージを表現しようとした。実際の中国では，パゴダは実用的な建築物であり，建物のデコレーションとしては用いられない。にもかかわらず，西洋人がイメージする中国建築をうまく表現したシンチョンとシンファは，完成後，白人観光客の間で高い人気を呼んだ（Choy, 2012）。その後チャイナタウンに建設された建物の多くは，シンチョンとシンファを真似た。こうして，カーブを描いた屋根と，赤・緑・黄色が

写真2-5　チャイナタウンのグラントアベニュー（2014年）

（注）多くの建物に，カーブを描いた屋根がつけられ，また，赤・緑・黄色が多用されている。
（出所）筆者撮影。

施された建物が立ち並ぶといった，今日まで続くサンフランシスコのチャイナタウンの街並みが形成された（写真2-5）。

2　太平洋戦争以降のチャイナタウン：ゲットーからゲートウェイへ

　1943年に勃発した太平洋戦争は，中国系アメリカ人の歴史において最も重要な出来事であった。戦時中，中国がアメリカの同盟国になったため，1943年末，中国人排除法が廃止され，中国人によるアメリカへの移民の定員が年間105人に定められた。また，在米中国人にはアメリカ国籍に帰化する権利が与えられた。戦後になると，サンフランシスコにおいて中国人がチャイナタウン以外の地区で不動産を所有できないなどと定めていた差別的な法律や条例が次々と廃止された。こうして中国人は，チャイナタウン以外の場所で暮らし，不動産を所有することができるようになった。このように，戦後，中国系アメリカ人には，アメリカのメインストリームに参加する道が

開かれた。

　戦後における中国系アメリカ人の変化は，こうした環境の変化によるものだけではなかった。戦時中に若い中国系アメリカ人の考え方が変化したことも大きい。戦時中，多くの若い中国系アメリカ人は，アメリカ軍に従軍し，中国戦線で戦った。これは，若い中国系アメリカ人にとって，中国社会と接触した初めての経験であった[8]。意外なことに，この経験によって彼らの多くは，自分が中国社会について何も知らないばかりか理解もできないこと，そして，自分は中国人ではなくアメリカ人である，ということに気付いた。この経験は，彼らの戦後の生活に大きな影響を及ぼした。戦争以前の彼らは，彼らの親の世代と同じように，いつか中国に帰るという思いを捨てておらず，中国に帰国することで，直面する激しい人種差別を避けようとも考えていた。しかし，戦後，彼らは，アメリカで成功することを決意し，人種差別と真正面から闘う決心をしたのである。

　このように，戦後，中国系アメリカ人はチャイナタウンから解き放たれ，彼らにはアメリカ社会のメインストリームに参加する道が開かれた。しかしその一方，チャイナタウンは衰退の一途をたどった。というのも，戦後，高い教育を受けた若い世代の中国系アメリカ人家族が，サンフランシスコ市の他の近隣地区または郊外に移り住んだことで，英語を話せない年配者，とりわけ単身の男性労働者ばかりがチャイナタウンに残されたからである。チャイナタウンの人口が再び増加し，同地区が賑わうきっかけになったのは，1965年に制定された移民法（1965 Immigration and Nationality Act）であった。

　1962年春，中国を襲った大飢饉によって，広東省から香港やマカオに大量の難民が流入した。こうした状況の中，1962年5月，ケネディ大統領は，

---

[8] 戦時中サンフランシスコから従軍した中国系アメリカ人の多くは，チャイナタウンの商人の子供たちであった。チャイナタウンの商人家族は，より安定した経済状況を求めており，中国人の勤勉さ，および中国社会における伝統的な学歴重視により，子供たちの大学進学率が非常に高かった。Nee & Nee（1972/1986）によると，1930年代，サンフランシスコのチャイナタウンの商人家族の子供の多くは，サンフランシスコ州立大学やカリフォルニア大学バークレー校などの公立大学に進学し，また，一部はスタンフォード大学のような私立大学にも進学した。しかし，1930年代の大恐慌の影響および人種差別によって，商人の子供たちは大学を卒業した後，専門職の仕事を見つけることができなかった。彼らの多くは，中国に帰り，そこで自らの能力を生かそうとした。しかし，中国で続いた戦乱によって，彼らは結局中国に行くこともできず，親の商売を継いだり，チャイナタウン内で自分のビジネスを始めたりせざるを得なかった。

中国からの難民を受け入れる大統領令に署名し，これによって，香港に流入していた中国人難民がアメリカに入国することが許された（Nee & Nee, 1972/1986）。1965年，ジョンソン大統領は，新しい移民法案を議会に提出，それを通過させた。西欧諸国以外の国について，移民として受け入れる定員数を年間17万人（1カ国の上限は2万人）にまで引き上げたのである。この移民法によって，サンフランシスコのチャイナタウンには，貧しい中国人移民家族が大挙して押し寄せた。チャイナタウンは，彼ら移民が生活する場，また，彼らを支援する非営利団体が集中する近隣地区へと変貌を遂げることになる。

サンフランシスコのチャイナタウンの住民

1960年代以降にアメリカに移住した中国人は，チャイナタウンとの関係によって，大きく2つのグループに分けることができる。ひとつは，専門職・技術者としてアメリカに移住した人たちである。彼らにとって，チャイナタウンは必要のない場所であり，実際，彼らがチャイナタウンで生活することはほとんどなかった。彼らの中には，アメリカに到着する以前，または到着直後に大学や研究所などで高収入の仕事を見つけた人もいれば，移住後最初の数年間は肉体労働に従事したものの，その後専門職の仕事に就いた人もいる。いずれも，チャイナタウン以外のミドルクラスまたはアッパーミドルクラスの住宅街に住みついた。

1960年代以降アメリカに移住したもうひとつの中国人グループは，チャイナタウンの中国人労働者の親戚であり，厳しい移民法が撤廃されたことで，家族との再会を果たした人々である。彼らは，家族と再会するため，また，自分の子供により良い教育を受けさせるためにアメリカに移住した。彼らのほとんどは，彼らをアメリカに呼んだ彼らの父または祖父と同じように，広東省の貧しい農村で生まれ育ち，そのほとんどは高校以上の教育を受けておらず，英語に関しては日常会話さえままならなかった[9]。そのため，戦後，中国系アメリカ人の居住範囲に対する制限がなくなり，就業機会が大きく広

---

9 筆者のインタビュー調査（調査日：2014年8月23日，29日，9月1日，6日，8日），Nee & Nee（1972/1986）および，Tsui（2009）による。

表 2-1　人口および世帯特徴について，全米とサンフランシスコ市，チャイナタウンの比較（2010 年）

項目	全米	サンフランシスコ市	チャイナタウン
人口（千人）	308,746	805	15
人種構成におけるアジア系アメリカ人の比率	5%	33%	84%
外国生まれの人口の比率*	13%	36%	77%
60 歳以上の人口の比率	18%	19%	35%
世帯数	117,538,000	345,810	7,140
18 歳未満の子供がいる世帯の比率	34%	18%	15%
単身世帯の比率	31%	39%	47%
1 世帯当たりの人数（人）	2.6	2.3	2.0

(注)　*．外国生まれの人口の比率について，全米の数字は，2007-2011 年の平均値であり，サンフランシスコ市とチャイナタウンの数字は，2006-2010 年の平均値である。
(出所)　San Francisco Neighborhoods Social-Economic Profiles: American Community Survey 2006-2010 (by San Francisco Planning Department); State & County QuickFacts (by U.S. Census Bureau); Households by Age of Householder and Size of Household: 1990 to 2010 (by U.S. Census Bureau); Overview of Race and Hispanic Origin: 2010 (by U.S. Census Bureau); Population by Age and Sex: 2010 (by U.S. Census Bureau); Nasser & Overberg (2011) により筆者作成。

がったにもかかわらず，英語というハンディを持つ彼らにとって，英語を使わなくても働け，暮らすことができるチャイナタウンは（少なくとも最初の数年間は）アメリカで生活できる唯一の場所となった。1960 年代以降チャイナタウンの主要な住民となったのは，これらの労働者家族と，彼らの老いた親・祖父たちである。こうしたチャイナタウンの住民の特徴は，国勢調査の結果にもはっきりと示されている。

　表 2-1 は，人口と世帯特徴について，全米平均とサンフランシスコ市，サンフランシスコのチャイナタウンとを比較したものである。戦後アジア系の移民や難民を多く受け入れたサンフランシスコは，人口における外国生まれの人の比率や，人口におけるアジア系アメリカ人の比率が，全米平均よりはるかに高い。サンフランシスコ市民の 3 分の 1 以上は外国生まれであり，また，アジア系アメリカ人の比率は 33％に達している。サンフランシスコの中でも，チャイナタウンにおける外国生まれの住民の比率とアジア系移民の比率はさらに高く，それぞれ 77％と 84％にも達している。このように，チャイナタウンは，アジア系アメリカ人，とりわけ中国系一世の移民が集中する

表2-2　25歳以上の人口の教育水準について，全米平均および全米の中国系アメリカ人，サンフランシスコ市平均，チャイナタウンの比較（2010年）

項目	全米平均	全米の中国系アメリカ人*	サンフランシスコ市**	チャイナタウン**
高校卒業またはそれ以下	44%	35%	29%	73%
大学（ただし，学士号を未修得）	26%	12%	20%	12%
大学卒業	15%	27%	31%	11%
大学院以上	15%	26%	20%	4%

(注)　*．全米の中国系アメリカ人の数字は，2008-2010年の平均値である。
　　　**．サンフランシスコ市とチャイナタウンの数字は，2006-2010年の平均値である。
(出所)　San Francisco Neighborhoods Social-Economic Profiles: American Community Survey 2006-2010（by San Francisco Planning Department）; Educational Attainment and Unemployment Among Asians in the United States（by U.S. Bureau of Labor Statistics）; Detailed Years of School Completed by People 25 Years and Over: 2000 to 2013（by U.S. Census Bureau）により筆者作成。

近隣地区である。また，全米とサンフランシスコの平均と比べて，チャイナタウンにおける60歳以上の人口は非常に多く，単身世帯の比率が高い。今日チャイナタウンの主要な住民は，年老いた単身の中国系アメリカ人労働者および，新しくアメリカに渡った中国系移民とその家族であることがうかがえる。

　サンフランシスコのチャイナタウンの住民は，全米の中国系アメリカ人平均と比べて，教育水準についても大きな違いが見られる。2010年の国勢調査によると，中国系アメリカ人の数は333万人に上り，アメリカ人口の約1％を占めている。表2-2は，25歳以上の人口の教育水準について，全米平均および全米の中国系アメリカ人，サンフランシスコ市平均，サンフランシスコのチャイナタウンの間で比較を行ったものである。この表に示されるように，全米の中国系アメリカ人一般は，教育水準が非常に高く，1980年代以降米国の主要なマスメディアに頻繁に報道されているような，いわゆるモデルマイノリティである。実際，大卒および大学院以上の教育を受けた人の比率を見ると，全米の中国系アメリカ人は全米平均の約2倍である。また，高等教育を受けた人口の比率は，アメリカの大都市圏で常に上位5位に入るサンフランシスコ市の平均と比べても全く遜色ない。一方，中国系アメリカ人一般とは対照的に，サンフランシスコのチャイナタウンの25歳以上の住民のうち，大卒以上の学歴を持つ住民の比率は全米平均の半分に過ぎず，市民

表2-3　16歳以上の被雇用者の職業と世帯年収について，全米平均および全米の中国系アメリカ人，サンフランシスコ市平均，チャイナタウンの比較（2010年）

項目	全米平均	全米の中国系アメリカ人	サンフランシスコ市	チャイナタウン
失業率*	9.6%	5.1%	7%	16%
被雇用者の職業の内訳**				
管理職・専門職	37%	53%	50%	21%
サービス業（専門サービス業を除く）	18%	18%	17%	41%
販売・オフィスの事務職	24%	20%	22%	23%
農業・林業・漁業・建設業・修理業の労働者	9%	3%	5%	4%
製造業・交通産業の労働者	12%	6%	6%	11%
世帯年収の中央値***	$52,762	$65,050	$71,416	$18,368
連邦貧困水準以下の人口の比率****	14%	13%	12%	32%

（注）＊．失業率について，全米の中国系アメリカ人の数字は，2008-2010年の平均値であり，サンフランシスコ市とチャイナタウンの数字は，2006-2010年の平均値である。
　　＊＊．被雇用者の職業について，全米の中国系アメリカ人の数字は2008-2010年の平均値であり，サンフランシスコ市とチャイナタウンの数字は2006-2010年の平均値である。
　　＊＊＊．世帯年収の中央値について，全米平均の数字は2007-2011年の平均値であり，サンフランシスコ市とチャイナタウンの数字は2006-2010年の平均値である。
　　＊＊＊＊．連邦貧困水準以下の人口の比率について，全米平均と全米の中国系アメリカ人の数字は2007-2011年の平均値であり，サンフランシスコ市とチャイナタウンの数字は2006-2010年の平均値である。
（出所）San Francisco Neighborhoods Social-Economic Profiles: American Community Survey 2006-2010（by San Francisco Planning Department）; Poverty Rates for Selected Detailed Race and Hispanic Groups by State and Place: 2001-2011（by U.S. Bureau of Labor Statistics）; Labor Force, Employment, & Earnings（by U.S. Census Bureau）; State Unemployment Rates in 2010（by U.S. Bureau of Labor Statistics）; PewResearchCenter（2013）; Allard（2011）により筆者作成。

の教育水準が高いサンフランシスコ市において，チャイナタウンでは高等教育を受けた人口の比率が際立って低い。

　教育水準と関連して，職業および収入についても，サンフランシスコのチャイナタウンに住む人々には，一般的な中国系アメリカ人平均とは大きく異なる特徴が見られる。表2-3は，16歳以上の被雇用者の職業および世帯年収について，全米平均と全米の中国系アメリカ人，サンフランシスコ市平均，サンフランシスコのチャイナタウンを比較したものである。この表に示されるように，リーマンショックの後にもかかわらず，全米の中国系アメリカ人の失業率は全米平均よりはるかに低く，また，サンフランシスコ市の平均よ

りも低かった。全米の中国系アメリカ人被雇用者の半分以上は管理職・専門職であり，これは全米平均よりはるかに高く，また，管理職・専門職者が多く集まるサンフランシスコ市の平均よりも高かった。こうした被雇用者の職業の特徴に影響され，全米の中国系アメリカ人の世帯年収の中央値は全米平均より23％も高く，連邦貧困水準以下の人口の比率は全米平均やサンフランシスコ市平均と大差がなかった。一方，サンフランシスコのチャイナタウンの住民は，失業率が非常に高く，また，被雇用者の4割はサービス業に従事している。管理職・専門職の比率は全米平均よりはるかに低く，サンフランシスコ市の平均と比較すると極めて低かった。サンフランシスコのチャイナタウンの住民の4つの主要な職業は，中華料理店のシェフおよび個人・家族クリーニング店のオーナー兼従業員，中国系食品スーパー・レストランの従業員，縫製労働者（主に女性）であると言われているが[10]，統計の結果はこれを裏付けていると考えられる。被雇用者の職業と関係し，チャイナタウンの世帯年収の中央値は極めて低く，連邦貧困水準以下の人口の比率も非常に高かった。

　1960年代以降，中国からサンフランシスコのチャイナタウンに移住した中国系アメリカ人の多くは，基本的には英語を話せない。そのため，チャイナタウン以外の地区に住んだり，働いたりすることが困難である。表2-4は，住民が自宅で使用する言語および言語によって社会から隔離される世帯（linguistic isolation）の比率，通勤手段，住居の状況について，2010年サンフランシスコ市平均と同市のチャイナタウンを比較したものである。言語によって社会から隔離される世帯とは，国勢調査局（U.S. Census Bureau）によって次のように定義されている。すなわち，世帯におけるすべての成人が英語以外の言語を話し，また，英語を不自由なく話せる成人が1人もいない世帯である（Siegel *et al*., 2001）。言語によって社会から隔離される世帯という項目は，1980年にはじめて国勢調査の調査項目として付け加えたられた（Siegel *et al*., 2001）。その理由は，英語でコミュニケーションする能力を欠いた国民は，雇用の機会が乏しく，医療などの社会サービスを利用しにくく，また，

10　筆者のインタビュー調査（調査日：2014年9月6日），Jung（2010）およびSiu（1987）による。

表2-4 自宅で使用する言語および言語によって社会から隔離される世帯,通勤手段,住居の状況について,サンフランシスコ市平均とチャイナタウンの比較(2010年)*

項目		サンフランシスコ市	チャイナタウン
5歳以上の住民が自宅で使用する言語	英語のみ	55%	14%
	アジア言語,太平洋諸島言語	27%	84%
	言語によって社会から隔離される世帯が全世帯に占める比率	14%	65%
16歳以上の勤労者の通勤手段	自家用車(相乗りを含む)	46%	16%
	公共交通	33%	34%
	モーターバイク	3%	1%
	徒歩	10%	40%
	その他	2%	2%
	自宅で勤務	7%	5%
住居の状況	一戸建て住宅に住む住民の比率	33%	3%
	家賃の中央値	$1,264	$500
	世帯収入に占める家賃の比率	26%	28%

(注) *. すべての数字は,2006-2010年の平均値である。
(出所) San Francisco Neighborhoods Social-Economic Profiles: American Community Survey 2006-2010 (by San Francisco Planning Department) により筆者作成。

子供に適切な教育を受けさせることや,選挙に参加することなどにも支障が出るため,このような国民の現状を把握する必要があると,国勢統計局が考えたからである (Siegel *et al.*, 2001)。

表2-4に示されるように,サンフランシスコ市において,5歳以上の住民のうち,半分以上は自宅で英語のみを使用しているが,チャイナタウンにおいては,自宅で英語のみを使用する住民の比率は14%に過ぎない。チャイナタウンでは,8割以上の住民が自宅でアジア・太平洋諸島の言語を使っている。チャイナタウンの住民のうち,アジア系アメリカ人(そのほとんどは中国系アメリカ人)の比率が84%(表2-1)であることから考えると,チャイナタウンにおける中国系アメリカ人とその家族のほとんどは,自宅で中国語(広東語)を話していると考えられる。また,チャイナタウンにおいては,言語によって社会から隔離される世帯が全世帯の65%にも達しており,大多数の世帯には,英語を不自由なく話せる成人が1人もいない状況がうかがえる。英語を話せないチャイナタウンの住民が,チャイナタウン以外の地区

で就業し，生活することは難しい。実際，チャイナタウンの住民の4割は徒歩で通勤しており，これはサンフランシスコ市平均の4倍である。この調査結果は，チャイナタウンの多くの住民がチャイナタウンに住み，チャイナタウンで働いている状況を示している。

SROに住む移民家族

　流入し続ける新しい移民によって，1970年代以降，チャイナタウンはサンフランシスコ市において人口密度が最も高い近隣地区となっている。その人口密度はマンハッタンに次いでアメリカで2番目に高い。チャイナタウンにおいて，一戸建て住宅に居住する住民は全住民の3％に過ぎず（表2-4），ほとんどの住民は，SROと呼ばれる，チャイナタウンの代表的な集合住宅で生活している（写真2-6と写真2-7）。チャイナタウンの住宅の多くは，サンフランシスコの他の近隣地区と同じように，1906年のサンフランシスコ大地震以降，1920年代まで建設されたものである。しかし，当時はまだ中国人排除法が有効であったため，チャイナタウンの住宅は，サンフランシスコの他の近隣地区とは大きく異なり，家族向けではなく，単身の男性労働者に対応したものであった。いわゆるSROの集合住宅である。SROとは，シングル・レジデント・オキュパンシー（Single Resident Occupancy）の略であり，おおよそ長さ10フィート（約3メートル），幅10フィートのワンルーム住宅のことを指す。中国人排除法が廃止され，1960年代以降アメリカに移住した中国人のほとんどは，家族連れであったにもかかわらず，SROに居を構えざるを得なかった。というのも，チャイナタウンにおける既存住宅の6割がSROである[11]ためである。単身世帯や，夫婦のみの世帯だけではなく，子供がいる3人家族の多くもひとつのSROを借りて生活している。また，子供の多い家族は，2つのSROを借りている場合が多い。SROには，個別家族用のキッチンやトイレ，シャワー室はない。住民たちは，共同のキッチンやトイレ，シャワー室を使い，順番に料理をつくり，シャワーを浴びる

11　チャイナタウンにおけるSRO以外の住宅は，そのほとんどが1950年代に建設された公共住宅「ピンユエン」（Ping Yuen）である。しかし，ピンユエンの入居申請者は非常に多く，入居するまでに長い年月がかかるケースが多い。また，近年，ピンユエンの老朽化問題も深刻化している。

写真 2-6　チャイナタウンにおける SRO の集合住宅（建物の外観）

（出所）筆者撮影。

写真 2-7　チャイナタウンの SRO 住宅（部屋の中）

（注）このような 9㎡ の部屋において，3 人家族が生活していることも少なくない。
（写真提供）Chinatown Community Development Center.

のである。しかし，収入が低いチャイナタウンの住民にとって，家賃が非常に高いサンフランシスコにおいて，SROこそが居住可能な唯一の住宅であるとも言えよう（表2-4）。

　このように，チャイナタウンの住民は，生活を維持するための長時間労働と，狭小住宅への居住を強いられている。彼らの多くは，アメリカに移住する前には，このような状況を予想だにしなかった。しかし，移民後の生活苦にもかかわらず，彼らは自分たちの子供により良い教育の機会を与えるべく，中国には帰らずに，アメリカで頑張って生きていくことを選んだ。Nee & Nee（1972/1986）がインタビューしたチャイナタウンの住民の多くは，こうした考えを述べている。例えば，インタビューされた張氏の経験はその代表例である。張氏は，1967年，カリフォルニア州に40年以上住んでいた中国系アメリカ人の父を頼って，妻と4人の子供を連れて香港からアメリカに移住した。それまで，彼の父は，家族に対して少額の仕送りを定期的に行っていたが，自分のアメリカでの生活については何も語らなかった。張氏はサンフランシスコのチャイナタウンに到着して初めて，自分の父親が英語を話せないため，チャイナタウンのレストランやバーでずっと働いていたこと，新聞を読めず，アメリカどころか，サンフランシスコのこともほとんど知らないまま生活していたことを知った。張氏もまた英語を話せず，インタビューを受けた際には，チャイナタウンの「新しい中国系移民センター」（Chinese Newcomers' Center）で仕事を探していた。張氏の一家6人は，チャイナタウンに2つのSROを借りて住んでいた。張氏は，チャイナタウン以外の場所にもっと広い住宅があるという情報を得ていたが，自分も妻も英語を話せないため，火事などの緊急時に救助さえ求めることができないことを考えて断念したという[12]。生活に苦労していたにもかかわらず，張氏はアメリカに移住して良かったと考えていた。なぜなら，教育費が非常に高い香港では，

12　英語を話せなければ，チャイナタウンの安い賃金の雇用先からいつまでも抜け出せないとわかった彼らは，連邦や非営利団体が提供している英語クラスで勉強しようとした。しかし，それまで高いレベルの教育を受けたことがなかったが故に，英語を容易にはマスターできなかった（Nee & Nee, 1972/1986）。また，家族を養うためには長時間労働に耐えなければならず，さらに，SROには勉強のスペースがないなどの問題により，彼らは英語をマスターすることが非常に難しい状況に置かれていた。

写真 2-8　チャイナタウンの食品スーパーの入り口に貼られた中国語の値札と従業員募集の通知

（注）写真の中央の値札には,「グァバ, 1ポンド 3.99ドル」と書かれており, 写真の右上の従業員募集の通知には,「精肉部の従業員を募集」と書かれている。いずれも中国語（広東語）表記のみである。
（出所）筆者撮影。

彼の収入で子供に大学教育を受けさせることなど不可能であったが, アメリカでは子供に良い教育を受けさせる機会があるからである。張氏のようなチャイナタウンの移民家族にとって, チャイナタウンはアメリカのゲートウェイであり, 子供たちがアメリカ社会での成功に向けて出発するスタート地点なのである。

　チャイナタウンには, 毎年多くの観光客が訪れる。しかし, この近隣地区は, 観光客のために造られ, 維持されている場所ではない。チャイナタウンは, 生活手段が乏しい中国系アメリカ人とその家族にとって必要不可欠な生活の場所であり, 実際に彼らはそこで暮らし, 働いている。1984年にサンフランシスコ都市計画局が行った調査によると, サンフランシスコのチャイナタウンには, 食料品スーパー, 鶏・豚・牛肉店, ベーカリーといった主に

地元住民向けの食料品店が107店舗あり[13]、これはギフトショップ57店舗の約2倍にあたる（San Francisco Department of City Planning, 1984）。また、漢方薬の薬局と診療所も37箇所あった（San Francisco Department of City Planning, 1984）。チャイナタウンの食料品店とレストランは、中国人が好む食材と料理を揃えており、その価格はチャイナタウンの住民の収入水準に応じて安く設定されている。商業施設を含めて、すべての施設において英語と中国語（広東語）が併記されるか、中国語（広東語）のみの表記がなされている（写真2-8）。チャイナタウンの店主と従業員は中国語（広東語）で会話し、また、中国語（広東語）で顧客に話かける。

3 新しい移民をサポートする非営利団体と活動家

　サンフランシスコのチャイナタウンの本物性は、実際に中国系移民たちが住み、働いている場所であるということだけではなく、彼らをサポートする多くの非営利団体や活動家が集中していることにも示されている。これらの非営利団体と活動家は、中国系の移民家族に仕事を斡旋し、住宅探しを手伝い、SROの居住状況を改善するよう市当局に訴え、自ら低所得者向けの住宅を開発している。また、移民の子供たちがアメリカ社会で成功するために必要なソーシャルスキルを身に付けられるようにサポートしたり、ドメスティックバイオレンスの被害にあった移民女性を支援するなど、様々なサービスを提供している。これらの非営利団体と活動家の働きがあったからこそ、生活手段が乏しい移民家族がアメリカ社会で生き残り、その子供たちが成功に向けてスタートを切ることができたのである。これらの団体や活動家、ボランティアによって、チャイナタウンは移民たちにとって、アメリカ社会のゲートウェイになったのである。この節では、これらの非営利団体と活動家の存在が、チャイナタウンの移民家族の生活に及ぼした影響を説明する。

13　チャイナタウンの食料品店は、小売のほか、チャイナタウンのレストランに食料品を卸す機能も果たしている。

非営利団体の活動とその影響

　人口密度が極めて高いチャイナタウンにおいて，住宅の問題は地区の最も深刻な問題であり続けている。チャイナタウンの代表的な非営利団体のひとつは，低所得者向けの住宅の開発に取り組むCDC（Chinatown Community Development Center）である。CDCは，1998年，非営利団体CRC（Chinatown Resource Center）と，非営利団体CCHC（Chinese Community Housing Corporation）が合併し，設立された非営利団体である。CRCは1977年に設立された団体であり，低所得者向けの住宅を建設するようサンフランシスコ市当局に訴える活動や，所得が低い賃借人の権利を守るなどの活動を続けていた。一方，CCHCは1978年に設立された団体であり，低所得者向けの住宅の建設をサンフランシスコ当局に訴え続けていた。このような2つの団体が合併して設立されたCDCは，サンフランシスコと周辺のベイエリアにおいて，低所得者（中国系アメリカ人に限らない）向けの住宅を建設するようにサンフランシスコ市当局やカリフォルニア州当局に訴え，また，自らも補助金と寄付金を集めて，低所得者向けの住宅の開発に取り込んでいる。低所得者向けの住宅の開発に加えて，CDCは，所得が低い賃借人の権利を守るために，賃借人向けのワークショップを定期的に開催し，賃借人の組織作りを手伝ったりしている。CDCの職員の多くは，英語と広東語を話す。

　CDCは特に，サンフランシスコ市の住宅基準を満たしていないSRO集合住宅の修繕を市当局や不動産所有者に訴え，また，自らSRO集合住宅を買い取って修繕し，低所得者に貸し出すことに力を入れている。これらの活動に加えて，CDCは，中国系アメリカ人の高校生と大学生を組織し，「AAAプログラム」（Adopt-an-Alleyway (AAA) Youth Project），「YSROプログラム」（Youth for SROs Program），「CATsプログラム」（Chinatown Alleyway Tours Program）などの事業に取り組んでいる。AAAプログラムは，中国系アメリカ人の高校生がチャイナタウンの路地を清掃するプログラムである。YSROプログラムは，中国系アメリカ人の高校生が，SROに住む高齢者向けに娯楽を企画したり，話し相手になったりするプログラムである。また，CATsプログラムは，中国系アメリカ人の大学生が，チャイナタウンのSRO

集合住宅や路地，さらに移民を支援する様々な非営利団体に観光客を案内し，その歴史を説明するウォーキングツアーである。

　CDC のこれらの活動により，英語を話せないまま新たにアメリカに移住した家族は，チャイナタウンで容易に住宅を見つけることができ，また，賃借人としての権利を守られている。それだけではなく，若い世代の中国系アメリカ人にチャイナタウンの大切さを認識させ，また，彼らの力でチャイナタウンの環境を改善させることにも貢献している。さらに，これらのプログラムは，収入の低い移民家族の子供たちが，ソーシャルスキルと自信を身に付けることにも役立っている。ソーシャルスキルと自信は，若い世代の移民がアメリカ社会で成功するために不可欠なものである。

　こうした CDC の活動が移民家族の生活に及ぼした影響は，デニス・チェン（Dennis Chen：以下，デニスとする）とウェンディ・チェン（Wendy Chen：以下，ウェンディとする）の経験にはっきりと示されている[14]。デニスは 2005 年に家族と共に香港からサンフランシスコに移住し，現在カリフォルニア大学に通う男子学生である。一方，ウェンディは，アメリカ生まれであり，カリフォルニア大学を卒業した後，現在 CDC の職員として働く 20 代の女性である。出身地もアメリカ移住の時期も異なる 2 人の中国系アメリカ人の青年は，共通して，チャイナタウンの非営利団体の活動から大きな影響を受けた。

　2005 年に家族と一緒に香港からアメリカに移住したデニスは，サンフランシスコに到着してからの最初の 2 年間，CDC がチャイナタウンに所有する SRO で生活していた。CDC はまた，英語をあまり話せないデニスの両親に仕事を紹介した。2 年後，CDC は，サンフランシスコのサンセット（Sunset）近隣地区に所有している低所得者向けの住宅に空き部屋があるという情報をデニスの両親に伝え，また，入居申請の手続きを手伝った。その住宅には，現在もデニスの家族が住んでいる。CDC の活動が自分に及ぼした影響について，デニスは次のように語った。

14　デニスとウェンディの経験は，筆者のインタビュー調査（調査日：2014 年 9 月 6 日）による。

中学生の僕にとって，チャイナタウンでの生活は大変なものであった。住宅と街を汚いと感じ，住めないとさえ思った。アメリカに移住する前には，アメリカがこのようなところであるとは考えもしなかった。中学生の頃の僕は，自分がチャイナタウンに住んでいることを友達に知られたくなかった。僕が高校に入学すると同時に，僕の家族は，サンセット近隣地区にCDCが所有する低所得者向けの住宅に引っ越した。高校に入ってからは，CDCのAAAプログラムに参加した。その活動を通じて，僕のチャイナタウンに関する見方は完全に変わった。プログラムの中で，僕らはチャイナタウンの路地を清掃しただけでなく，チャイナタウンの歴史について勉強し，SROの住民に数多くのインタビューを行った。こうした活動を通じて，チャイナタウンの住宅が小さくて汚い理由が，その歴史にあることを知った。また，活動を通じて初めて，チャイナタウンこそが自分のコミュニティであると感じるようになった。そして，チャイナタウンの環境の向上に貢献したいと思うようになった。大学に入学した後も，チャイナタウンの活動に参加したいという気持ちは変わらず，現在僕はCATsのボランティアガイドをつとめている。

　　　　　（筆者のインタビュー調査による。調査日：2014年9月6日）

　一方，ウェンディは，アメリカ生まれであり，デニスとは異なり，最初から生まれ育ったチャイナタウンが大好きであった。ウェンディの父と母はそれぞれ，1980年代後半に広東省の台山地区（サンフランシスコのチャイナタウンにおける最大移民グループ）からアメリカに移住し，サンフランシスコのチャイナタウンで出会い，結婚した。ウェンディは英語の他，両親と同じように，広東語の台山方言を話す。ウェンディはチャイナタウンで生まれ，5歳までチャイナタウンで生活した。チャイナタウンでは，ウェンディの一家4人と，ウェンディの叔母の一家4人，祖父母2人，いとこ1人の計11人が，2つの寝室と1つのリビングを共有して生活していた。ウェンディの父は中華料理店のシェフであり，毎日12時間働いた。ウェンディの母も縫製労働者として働いた。このような生活にもかかわらず，ウェンディと彼女の母は，チャイナタウンとそのコミュニティが大好きである。実際，郊外の

住宅地に移り住んだ現在でも，ウェンディの家族は週末必ず車でチャイナタウンを訪れ，食品スーパーで買い物したり，レストランで食事したりしている。中国系スーパーとレストランが密集するストックトンストリートに買い物に訪れるウェンディ一家は，必ずと言っていいほど，親戚や知り合いに出会うのである。このことも，ウェンディと彼女の母がチャイナタウンを好きな理由のひとつである。

ウェンディは，高校生のときからCDCのYSROプログラムに参加した。この経験を通じてウェンディは，自分が大好きなチャイナタウンに，衛生状況が悪いという問題があることを初めて意識したという。カリフォルニア大学に入学した後，ウェンディはCATsプログラムのボランティアガイドとなった。大学を卒業した後，都市計画学を専攻したウェンディは，CDCの職員になることを選び，現在チャイナタウンにおける公共住宅の開発および住民組織の立ち上げに携わっている。チャイナタウン，またCDCでの活動が自分に与えた影響について，ウェンディは次のように述べている。

　YSROプログラムでは，高校生たちは事業の具体的な内容を自分たちで決める。そのため，活動を通じて私たちは，どのようにイベントを組織するか，また，どのようにイベント開催のコツを後輩に伝えていくかといったことについて多くのことを学び，試行錯誤した。私を含めて多くの高校生は，低所得者層の中国系アメリカ人，すなわちマイノリティであった。私たちはいつも，自分の能力に全く自信が持てなかった。私自身も，YSROプログラムに参加する前は，自分にできることなどひとつもないと思っていた。しかしYSROプログラムの活動の中で，私は生まれて初めて，大勢の人の前でマイクを持ってスピーチを行う経験をした。たくさんの人の前で堂々と話すことができる自分に驚き，自分が自分ではないかのように感じられた。本当にうれしかった。このようなことは，私だけではなく，YSROプログラムに参加した多くの高校生が経験したことだと思う。YSROプログラムに参加したことで，私たちは自信を持つことができるようになった。また，懸命にチャイナタウンのために働く先輩たちに，ロールモデルを見いだした。だからこそ，私たちの多くは，大学に入学した後

もチャイナタウンに戻り、ボランティアとして働き続けたのである。大学卒業の前に、私の指導教授は、非営利団体で働くことがいかに大変であるかを述べ、民間企業に勤めることを私にすすめた。しかし、私はCDCの職員になることを選んだ。私は、チャイナタウンのコミュニティから多くのものを得た。私はチャイナタウンにお返しをしたいのである。

(筆者のインタビュー調査による。調査日：2014年9月6日)

ウェンディやデニスの経験は、近年のチャイナタウンだけに見られるような新しい現象ではない。また、CDCの活動だけがもたらしたものでもない。チャイナタウンには数多くの非営利団体が存在し、戦後長い間、移民家族をサポートし続けてきた。例えば、戦後直後にチャイナタウンで生まれ、50年代のチャイナタウンで成長したエスター・クワン（以下、エスターとする）もまた、ウェンディやデニスと同じような経験をしている。広東省からアメリカに移住したエスターの家族は8人の子供を持つ大家族であり、エスターは4人の女児のうちの1人であった。英語をほとんど話せない父はチャイナタウンのベーカリーのシェフとして働き、同じく英語をあまり話せない母は自宅で縫製の仕事をして生計を維持した。このような苦しい生活にもかかわらず、4人の女児全員が大卒以上の学歴を持ち、後に教育者や公務員として働いた。サンフランシスコ公園局の中間管理職として40年間勤務したエスターは、定年後、チャイナタウンを案内するボランティアガイドとして今でも働いている。サンフランシスコ郊外にある、広く、美しい自宅で筆者のインタビューに応じたエスターは、チャイナタウンにある非営利団体「キャメロンハウス」（Donaldina Cameron House）が自分の成長に与えた影響について、次のように語った。

私は、戦後から50年代にかけてチャイナタウンで育った。家はとても貧しかった。母は成人服や子供服、ビューティコンテストに出る女性のドレスなど、見つけられる限りの縫製の仕事を請け負い、何とか家計を維持しようとした。私が子供の頃は、チャイナタウン以外の世界を見ることも、チャイナタウン以外の人々と接触することもなかった。チャイナタウン以

外の世界と出会う機会をつくってくれたのは，キャメロンハウスである。キャメロンハウスは，小学校高学年と中学生向けに，サンフランシスコ郊外でのキャンプを，高校生向けには，カリフォルニア州以外の場所での校外見学を企画してくれた。これらの活動はすべて無料であった。私は小学校の高学年から高校卒業まで，すべての週末をキャメロンハウスで過ごした。そこで友達もでき，とても楽しかった。高校生になってからは，キャメロンハウスでグループリーダーとなり，ボランティアとして子供の指導にやって来る大学生や大学院生と一緒に旅行を企画したり，旅行中，小学生や中学生たちのお世話を手伝った。これらの経験を通じて，私は自分に自信をつけた。また，会議をマネジメントする方法，他人の意見を聞く方法，メンバーのモチベーションを高める方法などを習得した。これらのスキルは，後に私の仕事に非常に役立った。こうしたスキルはすべて，学校ではなく，キャメロンハウスで身につけたものである。私は自分の経験から，公園で遊んだり，自分の近隣地区以外の場所を見たり，様々な人と接触したりすることが，貧しいマイノリティの子供にとって，とても重要であることを知った。そのため，大学を卒業した後，私はサンフランシスコ公園局に勤めることを決めたのである。

(筆者のインタビュー調査による。調査日：2014年8月29日)

エスターに大きな影響を及ぼしたキャメロンハウスのプログラムは，現在も続けられている。移民家族の増加によってプログラム自体は有料となったが，収入が非常に少ない家庭の子供たちは相変わらず無料，または年間100ドル（1万2000円）といった低価格で参加することができる。キャメロンハウスのプログラムは主に寄付金で賄われ，ボランティアによって運営されている。エスターのような，かつてキャメロンハウスのプログラムの受益者であった人々は，大人になってから寄付金を寄せ，また，募金活動からボランティアの食事づくりに至るまで，無報酬で活動に協力している。このように，チャイナタウンは，中国系アメリカ人のコミュニティの中心であり，アメリカ社会で成功する中国系移民，いわゆるモデルマイノリティの誕生に大きく貢献しているのである。

写真 2-9　レランド・ウォンと彼の写真展「チャイナタウン」

（出所）筆者撮影。

写真家・画家・活動家レランド・ウォン

　チャイナタウンには，貧しい移民家族をサポートする組織だけでなく，個人の活動家もいる。その代表的な1人は，著名な中国系アメリカ人の写真家で画家でもあるレランド・ウォン（Leland Wong）である。彼の作品は，スタンフォード大学出版社が出版した *Asian American Art* にも収録されている（Machida, 2008）。2014年9月，レランド・ウォンは，サンフランシスコの華人歴史学会で写真展「チャイナタウン」（Chinatown）を開いた（写真2-9）。

　レランド・ウォンは，1950年代サンフランシスコのチャイナタウンで生まれ育った。彼の実家は，チャイナタウンで観光客向けの芸術品を販売する店を営んでいた。レランド・ウォンは，1975年にサンフランシスコ州立大学でファインアーツの学士号を取得した後，主にフリーランスのアーティストとして活動してきた。彼は，1970年代からサンフランシスコのチャイナ

タウンの写真を撮り続けている。写真展「チャイナタウン」は，これまで40年間，彼が撮影してきた作品を展示したものである。彼の写真には，移民家族，中華料理店の店主と店員，食品スーパーの労働者と顧客など，チャイナタウンで暮らす様々な人々が写っている。写真には，子供の無邪気な笑顔もあれば，家族を養う親世代の不安な表情，孤独な生活を送る単身高齢者の哀れな姿もある。旧正月にすべての苦悩を忘れて街に出て祝う中国人たちの姿も写されていれば，SROで生活する労働者が，長時間労働の後，手足を伸ばす空間もない家から出て，公園や歩道でしばし立ちすくむ姿も写されている。チャイナタウンの写真を撮り始めた理由について，レランド・ウォンは，次のように説明した。

　アメリカ生まれの中国人の多くは，自分たちの中国系アメリカ人としての文化を恥ずかしく思っている。アメリカの主要なメディアも，中国系アメリカ人の文化の重要性をあまり評価せず，ポジティブなイメージを示さない。私は自分の作品を通じて，中国系アメリカ人の文化を誇り高く宣伝したい。また，私は写真を通じて，チャイナタウンが閉鎖された世界ではなく，他者に寛容な場所であることを人々に示したいのである。例えば，この写真では，白人のホームレスが店のドア近くに座っている。ユニオンスクエアなら，店員はおそらくすぐに警察を呼ぶであろう。チャイナタウンでは，店員は警察を呼ばないのである。さらに，私は，写真を通じて，チャイナタウンに存在する問題，例えば，生活苦にあえぐ人々や高齢のホームレスなどの問題を，多くの人と共有したい。こうすることで，ネットワークやリソースを持つ人々が問題を認識し，状況の改善に手を貸してくれることを期待しているのである。

　　　　　　　（筆者のインタビュー調査による。調査日：2014年9月1日）

　また，写真展「チャイナタウン」を開催した理由について，レランド・ウォンは，写真展を通じて，チャイナタウンにおける中国系アメリカ人のコミュニティを維持する必要性を訴えたいと説明した。サンフランシスコの経済的な中心であるファイナンシャルディストリクトに隣接するチャイナタウンは，

形成されてから幾度となく撤去の危機にさらされてきた。近年，チャイナタウンで生じつつある2つの変化によって，収入の低い移民は，またしても，チャイナタウンから追い出される危険に直面している。ひとつ目の変化は，近年，SROを自らの住居として選択する若い専門職が増加し，チャイナタウンの家賃が上昇し続けていることである。例えば，とある小さな3階建てのSRO集合住宅は，最近3人の若い男性白人専門職によって借りられ始めた。その家賃は月3500ドル（42万円）にものぼる[15]。この建物には，かつて複数の移民家族が共同で生活していた。サンフランシスコの独身の専門職の間でチャイナタウンの人気が高まっている理由としては，勤務先のファイナンシャルディストリクから近いこと，おいしくて安いレストランが数多く存在すること，さらに，街自体が賑やかで面白いことなどが挙げられる[16]。こうした新しい需要に反応して，SRO集合住宅を買い取り，近代的な設備を設けて，独身の専門職に貸し出す不動産業者が増えている。これによって，チャイナタウンの家賃は上昇し続け，収入が非常に少ない移民家族がチャイナタウンに住めなくなるケースが出始めている。

　近年チャイナタウンに生じているもうひとつの変化は，サンフランシスコ市当局が，チャイナタウンにおける観光事業だけをサポートしたため，チャイナタウンのメインストリートに，中国系・アジア系アメリカ人のコミュニティや文化とは関係のない店が増えている，ということである。20世紀初頭から一貫して，観光産業がチャイナタウンにおける主要な産業であったことは，紛れもない事実である。チャイナタウンの住民たちは，多くの観光客を見慣れており，観光産業がチャイナタウンの商店街に収入をもたらし，経済発展に大きく貢献している点を評価している[17]。しかし，それと同時に，住民たちは，チャイナタウンは，単なる観光スポットではなく，本当のチャイニーズ・コミュニティであり，このコミュニティを維持する必要があるということも強調している。例えば，レランド・ウォンの次の発言は，チャイナタウンのコミュニティを維持する必要性を指摘している。

15　筆者のインタビュー調査（調査日：2014年8月29日）による。
16　筆者のインタビュー調査（調査日：2014年8月29日，9月1日）による。
17　筆者のインタビュー調査（調査日：2014年8月29日，9月1日，6日）による。

チャイナタウンに中国系アメリカ人が住まなくなったら、観光客にとってチャイナタウンの魅力が失われてしまう。ワシントンD.C.やサクラメントのチャイナタウンは良い例である。これらの都市のチャイナタウンには、連邦・州政府の補助金で造られた高齢者向けの集合住宅がひとつか2つあり、中国人が所有する店は数店舗だけで、他は大手のチェーンストアばかりである。大手チェーンの店舗は中国らしさを演出するために、店の看板に中国語を取り入れている。例えば、マクドナルドの中国語表記が看板に掲げられていたりする。また、コミュニティ組織がひとつあるものの、旧正月などの祝日に1回か2回イベントを開催するだけである。このようなチャイナタウンは、中身のない貝と同じだ。中身は真のチャイナタウンではないのである。サンフランシスコのチャイナタウンを、このような中身のない貝にしたくない。私は、写真を通じて、サンフランシスコのチャイナタウンは、中国系アメリカ人が実際に暮らす、正真正銘のコミュニティであることを人々に分かってもらいたい。そして、人々にこのコミュニティを維持し続けてもらいたい。

　　　　　（筆者のインタビュー調査による。調査日：2014年9月1日）

おわりに

　中国系アメリカ人の大学生が案内するウォーキングツアーに参加したイタリア人の女性観光客は、サンフランシスコのチャイナタウンを訪れた理由について、次のように述べた。

　私はイタリア人であり、今はフランスに住んでいる。出身の都市にも、今住んでいるフランスにもチャイナタウンはある。私は、今回のサンフランシスコ旅行で、チャイナタウンを見ようなどとは最初は思わなかった。なぜなら、チャイナタウンはどこも同じだろうと思っていたからである。ところが、私は昨日、チャイナタウンを通るバスに偶然乗った。バスからは、食品スーパーに見たことのない食材がずらりと並んでいる光景が見えた。また、多くの中国人が、たくさんの買い物の品を持って、私が乗って

いたバスに乗り込んできた。その人たちのために,バスは非常に混雑した。私は,なんて面白いところだろうと感じた。サンフランシスコのチャイナタウンの人々の生活をもっと知りたいと思った。

(筆者のインタビュー調査による。調査日：2014年9月6日)

この発言からもわかるように,サンフランシスコのチャイナタウンが人気の高い観光スポットであり続けている理由は,それが真実のコミュニティであるからである。今日でも,中国系アメリカ人は様々な理由でチャイナタウンとかかわっている。チャイナタウンは,ある人にとっては,アメリカでの生活をスタートさせた場所であり,ある人にとっては,現在もなお移民人生を過ごしている場所である。また,ある人にとっては,週末にショッピングし,友達や親戚と会う場所であり,ある人にとっては,子供に中国語を忘れさせまいと中国語学校を利用する場所である。チャイナタウンには,多くの

写真2-10　ポーツマススクエア公園

(注)　ポーツマススクエア公園は,「チャイナタウンのリビングルーム」とも呼ばれている。狭くてリビングがない SRO の住民は,ポーツマススクエアで新聞を読み,トランプで遊ぶ。彼らにとってポーツマススクエアはリビングルームのような場所である。
(出所)　筆者撮影。

リソースがある。安い住宅や仕事，中国系食品スーパー，中国語学校，移民をサポートする非営利団体や活動家の存在など，これらのリソースが，サンフランシスコと周辺のベイエリア在住の中国系アメリカ人をチャイナタウンに惹きつけているのである。チャイナタウンは，中国系アメリカ人の本拠地である。

　サンフランシスコのチャイナタウンを訪れ，その中心に位置するポーツマススクエア公園に足を踏み入れた観光客は，自分が見ているのは，テーマパークではなく，本当のコミュニティであることを感じるだろう（写真2-10）。観光客は，チャイナタウンで中国系アメリカ人の生活を見学し，それを体験することができる。また，観光客は，大学生や青年，年配のボランティアなど，チャイナタウンとかかわる多様な中国系アメリカ人と会話をし，彼らの案内の下でチャイナタウンをまわり，中国人コミュニティの苦悩と喜び，彼らの奮闘を知ることができる。こうしてサンフランシスコのチャイナタウンは，ベイエリアの中国系アメリカ人の文化を観光客に如実に示し，文化ツーリズムのメッカとして世界中から観光客を惹きつけているのである。

第3章 サンフランシスコ：ゲイたちの「都」(キャピタル)

> For gay men and for lesbians,
> San Francisco has become akin to what Rome is for Catholics.
> 同性愛者にとってのサンフランシスコは，カトリック教徒にとってのローマのような存在である。
> (D'Emilio, 1989, p.456)

はじめに

　同性愛者[1]に対する差別と迫害をなくす動きが世界中で広がるにつれて，多くの同性愛者観光客は，かつてのように自らの性的指向（sexual orientation）を隠すことはせず，観光地を訪れ，現地の人々と触れ合うようになった。これによって同性愛者観光客は，かつての見えない顧客から見える市場セグメントに変わっただけではなく，共働きで子供のいない，可処分所得が高い観光客として，大きく注目されるようになった。実際，2000年代後半のアメリカの場合，毎年休暇をとる人口の比率が，全米平均で64％なのに対して，同性愛者では85％にも達した（Guaracino, 2007）。また，北米における発行部数が最も多いレズビアン誌 *Curve* が，その読者に対して2011年に実施した質問票調査によると，回答者（レズビアン）の29％は，旅行に対する年間支出額が2000米ドルを超え，33％は支出額が1000～

---

[1] 同性愛の行為や感情，また，そうした性癖を持つ人々に対して，西欧諸国ではこれまでいろいろな呼び方がなされてきた。例えば，ソドミー（sodomy），ホモセクシュアリティー（homosexuality），ゲイ（gay），ゲイ・レズビアン（gay and lesbian），クィア（queer）などの呼び方がある。また，これらの人々に両性愛者（bisexual）と性転換者（transgender）が加わって，GLBT/LGBT という略語も使われる。これらの用語は，歴史的文脈も異なれば，表わした同性愛に対する見方も異なる。本章では，混乱を避けるために，同性愛者の行為や感情を「同性愛」，そうした性癖を持つ人々を「同性愛者」と呼ぶことにする。ただし，男性の同性愛者しか意味しない場合は「ゲイ」，女性の同性愛者しか意味しない場合は「レズビアン」の用語を用いる。

2000米ドルであったという（World Tourism Organization, 2012）。調査結果に基づいて *Curve* 誌の編集長は，「レズビアンの収入は女性の異性愛者（heterosexual women）より高く，また，レズビアンは旅行する際にゲイに劣らないレベルの消費をしている」と結論付けた（World Tourism Organization, 2012, p.9）。2000年代半ばから，同性愛者観光客の旅行消費，いわゆるピンクドル（pink dollar）をめぐる争奪戦が多くの国・都市の間で始まり，フィンランド，スペイン，オーストラリア，カナダ，さらにアメリカのボストン市，フロリダ州，アトランタ市（ジョージア州）など約60の国・都市は，同性愛者観光客を誘致するキャンペンをスタートした。

　同性愛者は旅行先として，山やビーチなど自然環境が主なアトラクションであるようなリゾート地も選べば，都市もまた選ぶ。同性愛者に人気の高い都市を見てみると，アメリカのニューヨークとサンフランシスコが不動の地位を確立していることがわかる。例えば，同性愛者の消費行動を専門的に調査するリサーチ会社 Community Marketing & Insights が1996年から2013年まで毎年行った調査によると，アメリカの同性愛者観光客が多く訪れる都市のランキングでは，ニューヨークとサンフランシスコが上位2位を独占し続けた（GLBT Travel Survey）。アメリカの最大都市であるニューヨークが同性愛者観光客の間で人気が高いことは当然として，土地面積がロサンゼルス市の10分の1，シカゴの5分の1に過ぎないサンフランシスコ市が，これらの主要な観光都市以上に，同性愛者観光客に人気が高い理由は何なのであろうか。

　サンフランシスコの特徴について，アメリカの著名な歴史学者ジョン・デミリオ（John D'Emilio）は次のように説明している。

　　同性愛者にとってのサンフランシスコは，カトリック教徒にとってのローマのような存在である。多くの同性愛者がサンフランシスコに住み，さらに多くの同性愛者がサンフランシスコを巡礼する。サンフランシスコでは，他のどの都市よりも同性愛のサブカルチャーが表面化し，また細分化している。　　　　　　　　　　　　　　　　　　　（D'Emilio, 1989, p. 456）

サンフランシスコが同性愛者観光客を惹きつける最大の理由は，同市が観光客のためにつくり上げられたテーマパークではないことにある。サンフランシスコは，同性愛者の市民が数多く居住し，企業で働いたり，起業したり，草の根運動を行う街である。サンフランシスコの同性愛者向けの商店街は，観光客を誘引するために市当局が整備したものではない。同性愛者の起業家を含めた中小商人が，個性あふれる店舗を経営し，商店街の環境を改善してつくり上げた場所であり，また，同性愛者の住民がショッピングや社交のためにひいきにする場所でもある。こうした場所の本物性は，サンフランシスコが同性愛者観光客を惹きつける最大の魅力である。

　サンフランシスコは，どのようにして同性愛者コミュニティの世界的なセンターとなったのか。本章では，この問題を検討する。本章の構成は次の通りである。第1節では，背景知識として，アメリカにおける同性愛文化の中心であり，また，同性愛者の人権運動の拠点でもあるゲイバー[2]について説明する。第2節では，サンフランシスコに焦点をあてて，同市のゲイバーの関係者たちが同性愛者の生活空間を獲得するために権力に対して立ち上がった歴史をたどる。第3節では，サンフランシスコの同性愛者の活動家たちが，ゲイバーをはじめとする多様な施設から構成される同性愛者向けの商店街を拠点に，政治活動を行い，またエイズと闘った活動をみる。おわりでは，第1節から第3節までの内容に基づき，サンフランシスコは同性愛者観光客に人気が高い理由を検討し，本章をまとめる。

1 ゲイバー：同性愛者コミュニティの中心

アメリカにおける同性愛者に対する弾圧

　同性愛者は古くから世界中のいたるところにいた（Aldrich, 2010）が，13世紀に入ると，中世の西ヨーロッパにおいて，同性愛の男たちを宗教裁判所

---

[2] ゲイバーは，主に同性愛者向けのバーであり，ゲイまたはレズビアンを主な顧客とする店，ゲイとレズビアン両方が通う店，さらに，同性愛者と異性愛者両方が通う店など様々である。本章では，同性愛者の顧客が高い比率を占めるバーを一括してゲイバーと呼ぶことにする。

の規則に従って裁くことが一般的になった（Hergemöller, 2010）。アメリカ大陸では，16世紀から17世紀に大陸を征服したヨーロッパの植民地当局が，キリスト教的法令を施行し，同性愛を厳しく罰した（Beemyn, 2010）。アメリカ合衆国において同性愛は，「自然の法則に反する」（contravened natural law）ため禁じられる行為であると考えられ（Rizzo, 2010, p.201），18世紀末期から罪とされた（Beemyn, 2010）。このような同性愛に対する弾圧にもかかわらず，シカゴ，ニューヨーク，フィラデルフィア，サンフランシスコ，ワシントンD.C.などの大都市では，19世紀末から同性愛文化が発達した（Tamagne, 2010）。しかし，第二次世界大戦前のアメリカにおける同性愛のサブカルチャーは，非常に秘密的なものであり，同性愛者の社会的ネットワークも存在しなかった（D'Emilio, 1983）。

　アメリカにおける同性愛者のサブカルチャーが大きく発展したのは，第二次世界大戦中のことである（Bérubé, 2010）。戦時中，若い人びと（男性だけではなく，女性も）は入隊したり，工場で働くようになった。彼らは家族という異性愛（heterosexuality）の環境や，故郷の田舎町や小都市から離れ，軍隊や大都市において，同性のみが居住する集合住宅という新しい環境で生活するようになった。こうして，伝統的な厳しいジェンダー関係とセクシュアリティのパターンが破壊された（D'Emilio, 1983, 1988, 1989; Bérubé, 2010; Cartier, 2013）。第二次世界大戦が，若い世代のアメリカ人に対して同性愛を体験する機会を与えたことにより，アメリカ社会において同性愛のサブカルチャーが表面化し，同性愛者のコミュニティが形成されるに至った（D'Emilio, 1989; Bérubé, 2010）。

　同性愛のサブカルチャーが表面化するにともない，それに対する抑圧が激しくなった。戦時中，同性愛の行為が発覚した兵士や将校は軍法会議にかけられた。非強制的同性愛行為に対しては，5年以下の重労働（海軍の場合，兵士は10年以下，将校は12年）および給料と手当の没収，不名誉除隊・懲戒免職（dishonorable discharge or dismissal）の刑が科された（Bérubé, 2010）。第二次世界大戦後，同性愛嫌悪（homophobia）の風潮がさらに強まった[3]。それは，結婚を重視し，男女の役割をはっきり分けた核家族こそが，唯一の望ましいライフスタイルであるとされた結果であった（Fellows &

Branson, 2010; Rizzo, 2010）。こうした社会の支配的な価値から逸脱した同性愛者は，国家に対する脅威として考えられ，彼らを厳しく罰しなければならない，という社会的コンセンサスが形成された（Johnson, 2006; Rizzo, 2010）。

戦後の長い間，同性愛者は犯罪者というだけではなく，性的倒錯者（pervert），病的な（sick），変態の（abnormal），危険な（dangerous），反キリスト教の（irreligious），邪悪な（evil）人としてみなされた（Levitt & Klassen, 1979; D'Emilio, 1989; Knopp, 1994; Johnson, 2006; Cartier, 2013）。1973年までの間，アメリカの精神医学界では，同性愛は精神・心理障害（mental illnesses）の一種として認定されていた（Gould, 1979; Cartier, 2013）。1950年代，マッカーシズム（McCarthyism）の時代から始まった同性愛者狩り（lavender scare）では，同性愛者と疑われた連邦公務員は公職から追放され，こうした政策が1975年まで続けられた（D'Emilio, 1989; Johnson, 2006; Rizzo, 2010）。連邦レベルだけではなく，多くの州において，同性愛者を逮捕・拘束できる法律が1970年代まで存在した（Davison, 1982）。離婚訴訟では，女性は，同性愛者であるという理由で親権を奪われていた（Cartier, 2013）。

政府による同性愛者に対する厳しい弾圧に加えて，同性愛者に対する大衆の不信感や嫌悪感も強かった。1970年にLevittらの研究チームがアメリカ国立衛生研究所（National Institutes of Health, NIH）の後援の下で行った，全米成人3018人に対する調査[4]によると，回答者の4分の3は，同性愛者に聖職者および学校教師，判事の仕事に従事する権利を与えるべきではないと答え，3分の2は，医療関係と公務員の仕事に従事する権利を与えるべきではないと答えたという。また，私生活に関して，4分の3の回答者は，同性愛者が公共の場でパートナーとダンスすることに反対し，約半分の回答者は，同性愛者が社会的活動または娯楽のために組織をつくることを許可すべきではないと回答し，43％の回答者は，バーが同性愛者の顧客にサービスを提

3　同性愛嫌悪は，第二次世界大戦後，西欧諸国で共通して見られた現象である（Rizzo, 2010）。
4　この調査では，回答者1人当たりのインタビュー時間は2時間半にも及んだ。また，調査対象の選択に関して，調査チームは，特定の組織に所属する人間ではなく，年齢，性別，社会階層など多様な基準を用いて，アメリカ人口を代表するようにサンプルを選んだ。

供することを許可すべきではないと答えたという（Levitt & Klassen, 1979）。

　1970年代まで，同性愛者は差別と迫害を受け続けた。そのため，彼らは住宅や雇用，医療など基本的な生存権を守るために，自身の性的指向や性自認を秘密にせざるを得なかった。一方，彼らの多くは，迫害から身を守り，また，同じライフスタイルの人々との出会いを求めるために，同性愛に不寛容な田舎町から，多様なライフスタイルと文化が併存する大都市に移住した（Harry, 1974; Lyod & Rowntree, 1978）。ニューヨーク，サンフランシスコ，ニューオーリンズなどの大都市では，同性愛者のコミュニティが発達した。彼らの主要な社交の場はゲイバーであり，大都市におけるゲイバーの集積は，同性愛者コミュニティの中心であった。1970年代まで，郊外のショッピングセンターやモールが，家父長制に基づいた幸せな異性愛核家族のための場所としてほめたたえられた一方，都市部のゲイバーの集積地は，危険なサドマゾヒズムグループとして蔑まれ続けた（Knopp, 1995）。しかし，実際のところ，ゲイバーとはどのような場所なのだろうか。また，ゲイバーの存在は，同性愛者コミュニティの発展と同性愛者解放運動にどのような役割を果たしたのか。次項以降では，これらの問題を説明する。

ストーンウォール事件以前のゲイバー

　1969年に発生したストーンウォール事件（Stonewall riots）は，同性愛者解放運動の幕開けであると言われる。事件以前，ほとんどの同性愛者は，自分の性的指向を，公的生活（public life），例えば仕事や政治の場，異性愛者の友達との交友関係において秘密にした。同じ性癖を持つ人々との社交やネットワークづくりは，主に私的領域（private sphere），例えば余暇の時間やレクリエーションの場で行われ，ゲイバーは同性愛者コミュニティの最も重要な集いの場であった（Hooker, 1967）。ストーンウォール事件以前のゲイバーは，秘密で地下組織的な性質が強かったため，この時期のゲイバーに関する詳細な研究は少ない。代表的な研究としては Hooker（1967）および Achilles（1967），Lyod & Rowntree（1978），Bérubé（2010）が挙げられる。

　アメリカでは，第二次世界大戦以前から，ニューヨーク，ロサンゼルス，サンフランシスコなどの大都市にすでにゲイバーが存在したが，それが大き

く発展したのは，同性愛者のコミュニティが形成された第二次世界大戦中のことである（Bérubé, 2010）。戦時中，兵士は，わずか数時間しか都市に滞在できなかったため，同性愛者の彼らは素早くゲイライフを楽しめる場所を見つけるために，都心の近くにある商業施設に頼らざるを得なかった（Bérubé, 2010）。その結果，都市の中心部およびその周辺において，ゲイバーや，それに類似する同性愛者向けのカクテルラウンジ，カフェ，ナイトクラブが大いに繁盛し，ゲイバーの集積地が形成されるに至った（Boyd, 2003）。1940年代，カリフォルニア州サンノゼ市（San Jose），コロラド州デンバー市（Denver），カンザス州カンザスシティ（Kansas City）などの都市にもゲイバーが誕生した（D'Emilio, 1983）。ゲイバーの増加はまた，同性愛のサブカルチャーと同性愛者コミュニティの発展を促進する役割を果たした。なぜならば，故郷の田舎において性的指向をひたすら隠し，孤独であった若い同性愛者たちは，大都市のゲイバーという暫定的な避難所において，自分の本性を明らかにし，他の同性愛者と出会い，自分が正常な人間であることをはじめて感じたからである（Cartier, 2013）。ゲイバーでは，同性愛者のコミュニティ独自のことばや行動コードが生まれた（Boyd, 2003; Bérubé, 2010）。「異性愛が唯一の正しくて自然な性のあり方」であると考えられた社会において（風間・河口，2010, p.52），同性愛者にとってのゲイバーは，キリスト教徒にとっての教会と同じように，コミュニティの中心となった（Cartier, 2013）[5]。

戦後，1950年代から60年代にかけて，同性愛嫌悪の風潮と政府当局の弾圧にもかかわらず，同性愛のサブカルチャーはさらに発展し，同性愛者は警察のハラスメントにさらされながらも，ゲイバーに通い続けた（Cartier, 2013）[6]。ゲイバーという同性愛者にとって唯一のパブリックな社交の場にお

---

[5] 1955年にサンフランシスコで設立されたアメリカ初の女性同性愛者の人権団体「ビリティスの娘たち」（Daughters of Bilitis, DOB）は，1960年にサンフランシスコで開催されたDOB第1回コンファレンスにおいて，サンフランシスコ以外の地域からの会議参加者のためにゲイバーツアーを組み，また，サンフランシスコと周辺ベイエリアのゲイバーの地図を参加者に配った（Gallo, 2006）。

[6] この時期に，性的指向や性的自認をおおやけに明らかにする，いわゆる「カミングアウト」同性愛者は少しずつ増え，マサチューセッツ州ウスター市（Worcester）や，アイオワ州デモイン市（Des Moines）のような小さな地方都市にもゲイバーが出現した（D'Emilio, 1983）。

いて，同性愛者たちは昼間に被った自己保護の仮面をとり，自分に合う雰囲気の中で夜の時間を過ごした（Hooker, 1967; Cartier, 2013）。ゲイバーで同性愛者たちは，ニュースやゴシップを交換し，友達を探し，共通する関心事についてディスカッションし，抱えた生活上の問題，例えば仕事・住宅・弁護士探しなどの問題について，友達や新たな知り合いに相談し，助けを求めた（Hooker, 1967; Fellows & Branson, 2010）。また，ゲイバーでは，同性愛者に対する警察当局の取り締まりに関する情報が速やかに流れた（Hooker, 1967）。警察の逮捕からどのように逃れるかといった経験談やアドバイスが交換され，新入り者に伝えられた（Achilles, 1967）。

　戦後の長い間，ゲイバーはわいせつな行為が行われる場として大衆に強く批判された。しかし，実際には，ゲイバーのオーナーは，警察の手入れを避けるために，ゲイバーにおける同性愛者の交際を厳しく管理し，顧客がゲイバーでわいせつ行為を行うことを認めなかった（Achilles, 1967; Boyd, 2003; Fellows & Branson, 2010; Cartier, 2013）。Achilles（1967）は，ゲイバーでの現地調査に基づいて，同性愛者にとってゲイバーの役割は，米軍人とその家族にとって，彼らに支援を提供するユナイテッド・サービス・オーガニゼイション（United Service Organizations, USO）の役割と同じものであると述べた。

　1970年代まで，ゲイバーに対する警察の手入れが頻繁に行われた（Wonderling, 2008; Cartier, 2013）[7]。そのため，ゲイバーのオーナーたちは，ゲイバーと顧客を守るために，店が目立たないよう，外装と内装，立地を工夫した。ゲイバーの外壁は通常簡素でみすぼらしく，隣接する建物と区別しにくい灰色または黄褐色に塗装され，看板も小さく，薄暗くされた。また，ゲイバーには，外から店内が見えないようパーティションが設置され，歩道に面した壁面に窓は付けられなかった（Lyod & Rowntree, 1978）。さらに，警察の手入れに対処するために，多くのゲイバーの店内には，顧客に警告サインを出すライトやベルが設置された（Achilles, 1967; Boyd, 2003）。オーナー

7　ニューヨークやサンフランシスコなどの都市では，手入れや営業停止処罰から逃れるために，ゲイバーのオーナーが警察に賄賂を払うことが普通であり，こうした贈賄と収賄の行為は「ゲイオラ」（gayola）と呼ばれた（Sides, 2009; Cartier, 2013）。

や従業員たちは，警察が近づいたことに気づくやいなや，顧客に「互いに近づいて立たないように」という警告を送った（Achilles, 1967, p.232）。また，ゲイバーの立地には，通常，都心から近い工業地区や，倉庫が集積したウォーターフロントが選ばれた。その理由は，ゲイバーがオープンする夜間には周囲の企業がすでに業務を終えるため，ゲイバーが異性愛者の目に触れなくてすんだからである（Lyod & Rowntree, 1978）。同性愛者たちはゲイバーの雰囲気を比較し，また，一晩に複数のゲイバーを訪れる習慣があったため，ゲイバーは相互に近い場所に立地し，結果としてゲイバーの集積地が都市部に形成された。

　同性愛者の人口が非常に多い都市，例えばニューヨーク，ロサンゼルス，サンフランシスコでは，ゲイバーは高い利益を得られるビジネスであった。警察の手入れによってゲイバーの寿命は短いことが多かったが，一方，その利益は異性愛者向けのバーよりはるかに高かった（Achilles, 1967）。Hooker（1967）の調査によると，1960年代半ば，大都市において人気の高いゲイバーには，土曜日夜10時から翌朝2時までの間に，約1000人の顧客が訪れたという。同性愛者がひいきにするゲイバーの近くには，レストランやカフェが次々と開業し（Lyod & Rowntree, 1978），こうした集積地においては，夜間および週末の午後，店内だけでなく，歩道にも人がいっぱいであった。

　警察は，ゲイバー集積地の歩道でおしゃべりを楽しむ人々をたびたび逮捕した（Lyod & Rowntree, 1978）。なぜならば，警察は典型的な郊外における空間の利用法，すなわち人々は車を使って車道を移動し，ショッピングセンターの中で交流するものであり，歩道を歩く人などいないという利用法こそが，唯一の正しい空間利用法であると信じ込んだからである（Lyod & Rowntree, 1978）。同性愛者は，都市に住む人種的マイノリティと同じように，街のストリートを使って社交することを好んだ。しかし警察は，家父長制に基づいた郊外の異性愛核家族とは異なるこうしたライフスタイルや空間の利用の仕方を，まったく認めようとしなかった。

ストーンウォール事件以降のゲイバー

　ストーンウォール事件以前の1950年代，アメリカでは，同性愛者の政治

的グループが公の場にあらわれ，同性愛主義運動を始めた。例えば1950年にロサンゼルスで設立された「マタシン協会」(Mattachine Society：ゲイの組織)と，1955年にサンフランシスコで設立された「ビリティスの娘たち」はその代表である。しかし，これらの組織の政治的目的は，同性愛者独自のライフスタイルの正当性を主張することではなく，むしろ，同性愛者が社会の支配的な価値に従うことを一般国民に示すことにあった (D'Emilio, 1989; Rizzo, 2010)。そのため，これらの組織は，家庭および教会，国家という世間に認められた制度と矛盾しない行動パターンをとるよう，会員たちに勧めた (Rizzo, 2010)。実際ビリティスの娘たちは，女性らしい服装をするように，ということまでもレズビアンたちに呼びかけた (Rizzo, 2010)。

　しかし，1969年6月に発生したストーンウォール事件以降の同性愛者解放運動は，それまでの運動とは大きく異なり，自らの性的指向や独自のライフスタイルを公式の社会でも主張するよう，同性愛者に呼びかけるようになった。ストーンウォール事件の引き金となったのは，1969年6月28日未明に，ニューヨークで人気の高かったゲイバー「ストーンウォールイン」(Stonewall Inn) に警察の手入れがあったことであった。警察に逮捕されたゲイバーの顧客たちは，逮捕に対して激しく抵抗した。また，警察の職務質問の後に解放された顧客たちも，いつものように店から立ち去ることはせず，警察に罵声を浴びせたり，コインやレンガなどを投げつけたり，囚人護送車を攻撃したりといった明らかな反抗姿勢を見せた[8]。これは，ゲイの歴史の中で前例のない抗議行動であり (Rizzo, 2010)，抗議行動とその後数日間続いた暴動は，同性愛者解放運動の幕開けであった。翌年の1970年6月，ニューヨークでは約5000人がストーンウォール事件を記念するために大規模なデモ行進を行った。その後，ニューヨークやサンフランシスコなどの大都市では，毎年6月に同性愛者の人権運動を記念するパレードが行われるようになった。

　1960年代は，アメリカにおいて，人種的マイノリティの公民権運動やフェミニズム運動，ベトナム戦争反戦運動が台頭した時期であり，同性愛者解放

8　ストーンウォール事件に関する詳細な記録については，Carter (2004) を参照されたい。

運動もまた，こうした広範な社会変革の中で，同性愛者のカミングアウトによって同性愛嫌悪をくつがえそうとした（D'Emilio, 1989）。ストーンウォール事件後，「ゲイ行動主義者連盟」（Gay Activists' Alliance）のような行動主義グループが誕生し，過激な活動によって，同性愛者の性的指向と独自のライフスタイルの正当性を主張した。彼らの活動によって，1973年にアメリカ精神医学会は，同性愛を精神疾病リストから削除した。また，1975年にアメリカ公務員人事委員会は，連邦公務員から同性愛者を排除するとした1950年代以来の規則を廃止し，同性愛に対する警察の取り締まりは著しく緩和された（Rizzo, 2010）。1970年代後半になって，同性愛者，とくに白人中流階級のゲイたちは，社会のメインストリームに組み込まれるようになった（Rizzo, 2010）。

ストーンウォール事件がゲイバーで発生したこと自体に示されたように，ゲイバーは1970年代半ばまで，商業施設であるだけではなく，同性愛者の政治的活動と深くかかわっていた。1970年代後半，同性愛者解放運動が成功を収めた後，同性愛文化における社交と消費の場として，ゲイバーの需要は爆発的に増加し，1970年代の終わりにゲイバーは黄金時代を迎えた（Rizzo, 2010）。1970年代以降のアメリカのゲイバーには2つ大きな特徴が見られた。ひとつは，同性愛の細分化が進んだため，ゲイバーも特定のグループの好みに対応するよう多様化した，という特徴である。Harry（1974）は，1972年にアメリカに存在したほぼすべてのゲイバーをリストアップしたゲイバー名鑑 *Guild Guide 1972* を分析した結果，当時アメリカで人口5万人以上を擁した都市には大抵ゲイバーがあり，また，大都市であるほどゲイバーの数が多く，タイプも多様であったことを明らかにした。Harry（1974）によると，1970年代初め，はっきりと識別できるゲイバーのタイプは9つあった。すなわち①若いゲイ向けのバー，②中年や年配のゲイ向けのバー，③レズビアン向けのバー，④アフリカ系ゲイ向けのバー，⑤ダンシングバー，⑥男娼がいるゲイバー，⑦顧客がバイク乗りのレザージャケットを着用し，時折サドマゾヒズム的行為を行うレザーバー，⑧顧客が蝶ネクタイとジャケットを着るバー，および⑨会員制のゲイバーである。大都市では，多様なタイプのゲイバーが，異なる好みを持った顧客のニーズに対応したため，田舎町から大

都市に移住したばかりの同性愛者や同性愛者観光客，海外からの同性愛者移民にとって，自分の好みに合う社交の場を見つけることが容易になった（Harry, 1974）。

1970年代以降，アメリカのゲイバーに見られたもうひとつの特徴は，ゲイバーや同性愛者が経営する他のビジネスが集積し，同性愛者向けの商店街が形成されたという点である（Hekma, 2010）。こうした商店街には，同性愛者の政治・社会的組織が数多く存在し，またゲイバーをはじめ，スポーツ施設，小売店などの商業施設も多かったため，大勢の同性愛者観光客や移民を惹きつけるようになった（Hekma, 2010）。

しかし1980年代に入ると，エイズ危機が同性愛者コミュニティを襲った。同性愛者がひいきとする商店街には法律・福祉関係のグループが数多くつくられ，それまで政治活動にほとんど参加しなくなっていった同性愛者たちが政治運動に積極的にかかわるようになった。これらの同性愛者団体は，エイズ感染症に対する政府やマスメディアの対応の遅さと同性愛者に対する冷たさを厳しく批判し，政府による有効な対策を促すべく闘った。こうして1970年代以降，同性愛者の人権運動の熱意が薄れ，消費の場へと変貌しつつあった同性愛者向けの商店街は，1980年代のエイズ危機をきっかけに，再び同性愛者の政治活動の拠点となったのである。

2　サンフランシスコ：アメリカのゲイの「都」になるまで

19世紀後半から第二次世界大戦終戦まで：寛容な街

ゴールドラッシュによって発展したサンフランシスコには，19世紀後半，独身の鉱夫や商人，投機家の男性が大量に移入した。そのため，当時のサンフランシスコでは，女性の人口と比較して男性の人口が極端に多かった。また，港町であるサンフランシスコには，船員のような男性が常に数多く滞在していた。結果として，東海岸の大都市と異なり，サンフランシスコは，支配的な社会規範や慣習に従おうとしない男性が集まった都市となった。サンフランシスコにおける男性の同性愛は，このような環境で発達した。ニュー

ヨークと並んで,同市には早くも1900年代すでにゲイバーが存在した。しかし,ニューヨークのゲイバーとは異なり,サンフランシスコのゲイバーは組織犯罪集団にコントロールされたものではなく（Cartier, 2013）,その多くは個人の起業家が自らの資金を投下して開業したものであった。サンフランシスコのゲイバーのオーナーたちは,自らビジネスを経営し,また自身でバーテンダーを務めることも少なくなく,オーナーが常に店にいるという点が,サンフランシスコのゲイバーの特徴のひとつでもあった（Achilles, 1967; Boyd, 2003）。サンフランシスコの初期のゲイバーは,当時バーバリーコースト（Barbary Coast）と呼ばれていた（Asbury, 1933/2008）,サロンやダンスホール,安酒場,キャバレー,売春宿など男性向けの娯楽施設が集積した地区に集中していた。バーバリーコーストは,今日のノースビーチ近隣地区の近くである。

禁酒法[9]（1920-1933）が廃止されてから1954年までの間,カリフォルニア州では,他の州とは異なり,州査定平準局（Board of Equalization, BOE）が酒類の流通と販売を管理した。BOEの最大の関心は酒税収入の確保にあったため,酒類販売免許の取り消しによってゲイバーを厳しく規制することを必ずしもしなかった（Boyd, 2003）。1930年代から,サンフランシスコでは,多くの起業家が酒類販売に参入し,ノースビーチとその周辺にゲイバーが急速に増加した。例えば,同市初のレズビアン向けのゲイバー「モナズ」（Mona's）や,第二次世界大戦後に同市の同性愛者による草の根運動の拠点となった伝説的ゲイバー「ブラックキャットカフェ」（Black Cat Café：写真3-1）は,いずれも1930年代ノースビーチで開店した（Stryker & Buskirk, 1996）[10]。サンフランシスコのゲイバーのほとんどは,男性向けの店と女性向けの店とに分かれておらず,ゲイとレズビアンが社交の場を共有するという

---

[9] 1917年にアメリカ全土で禁酒法を施行するための憲法修正決議が議会を通過し,1919年に修正決議は36州（全48州）の承認によって成立した。1920年,修正第18条（the Eighteenth Amendment）が施行され,禁酒法時代が始まった。1933年に禁酒法は廃止された。

[10] モナズは1934年にユニオンストリート（Union St）でオープンしたが,1936年にノースビーチ近隣地区の140コロンバスアベニューに移転し,1939年に同じノースビーチ地区内の440ブロードウェイストリートに移転した。一方,ブラックキャットカフェはもともとバーとして1906年にエディストリート（Eddy St）とメイソンストリート（Mason St）の交差点の近くで開業したが,1921年に一時閉鎖した（Boyd, 2003）。1930年代710モントゴメリーストリート（Montgomery St）に移転して再開店した。

写真3-1 サンフランシスコのゲイバー「ブラックキャットカフェ」

(注) ブラックキャットカフェは、同性愛者、異性愛者の労働者や会社員、詩人などすべての人が自由に出入りできる、「アメリカにおける最高のゲイバー」であるとして (Ginsberg & Young, 1973, p.33)、ビートジェネレーションの代表的な詩人アレン・ギンズバーグに絶賛された。
(写真提供) San Francisco History Center, San Francisco Public Library.

特徴が見られた (Boyd, 2003)。また、サンフランシスコのゲイバーは、同性愛者だけではなく、ノースビーチ近隣地区に住む作家や芸人、港湾労働者の間でも人気が高かった (D'Emilio, 1989)。観光ガイド誌は、サンフランシスコのゲイバーで上演された異性装者のショーを大いに宣伝し、ツアーバスもノースビーチを回り、サンフランシスコにおける同性愛文化を観光客に紹介した (Boyd, 2003)。

1940年代から50年代にかけてサンフランシスコの同性愛者人口は大きく増加した (D'Emilio, 1989)。その原因は主に3つある。ひとつ目は、太平洋戦争と朝鮮戦争において、サンフランシスコ港が戦地へ出発する兵士と民間人の乗船港となったと同時に、海軍造船所などの軍事工場がアメリカ各地から多くの独身の若い労働者を集めたからである。2つ目の原因は、戦時中と戦後、同性愛者であるという理由で不名誉除隊させられた数多くの若い兵士

たちが，郷里の家族や友人に顔向けできず，サンフランシスコにとどまり，同性愛者として新しい人生を切り開こうとしたことにある（Boyd, 2003）。3つ目の原因は，戦時中，サンフランシスコに短期滞在した際にはじめてゲイバーを訪れ，同市の同性愛文化に魅了された若い同性愛者が，戦後になっても郷里に帰らず，サンフランシスコを居住の場として選んだことにある。このように，1930年代から発達したサンフランシスコのゲイバーの集積は，同市における同性愛者人口の増加とコミュニティの拡大に重要な役割を果たした。なぜならば，ゲイバーの存在によって，同性愛者が恥ずかしがらずにいられ，社交する公共の場を与えられたからである。また，サンフランシスコに新たに来た同性愛者も，同性愛者のコミュニティを容易に見つけることができ，それとつながることができた。

戦後から1960年代終わりまで：同性愛者のための公的空間の獲得

　第二次世界大戦後，伝統的な家族観や秩序への回帰が叫ばれた中，サンフランシスコにおいても，州および市当局によるゲイバーへの取り締まりが厳しくなり，摘発が増えた。しかし，サンフランシスコのゲイバーは，他のアメリカ大都市のゲイバーとは異なり，当局の処分に泣き寝入りせず，むしろ法廷で真正面から闘い続けた。そのため，全米規模の同性愛者解放運動こそ1969年のストーンウォール事件以降まで待たなければならなかったが，サンフランシスコにおいてだけは，1950年代からすでに大規模な運動が始まった。しかも，その運動の拠点となったのは，同性愛者の政治団体ではなく，ゲイバーであった[11]。戦前，サンフランシスコのゲイバーは，同市における同性愛者人口の増加に寄与したのに対して，戦後それは，商店街や近隣地区など，同性愛者の市民が生活するための都市空間の獲得に大きく貢献した。1940年代から70年代まで，サンフランシスコのゲイバーと同性愛者のコミュニティの発展に大きな影響を及ぼした出来事が3つあった。以下では，これらの事件を説明する。

11　1950年代，マタシン協会とビリティスの娘たちという全米の主要な2つの同性愛主義団体の本部はいずれもサンフランシスコにあった。しかし，これらの組織はいずれも，既存の異性愛社会・制度に溶け込むことを同性愛者に対して唱えるものであり，同性愛のライフスタイルを正当化し，ゲイバーを当局のハラスメントから守ることを目標にしたものではなかった。

判例 *Stoumen v. Reilly*

　戦後，ゲイバーをめぐって起きた最初の重要な出来事は，人気ゲイバーブラックキャットカフェがBOEに対して訴訟を起こした事件である。ことの始まりは，1949年，「同性愛の傾向がある人々のたまり場」であるという理由で(Boyd, 2003, p.121)，BOEがブラックキャットカフェのオーナー，ソル・ストーメン（Sol Stoumen）の酒類販売免許を一時取り消すという処分を下したことにある。こうした処分に対してストーメンは，ブラックキャットカフェは同性愛者のたまり場ではないと主張し，BOEに再審査を求めた。しかし，サンフランシスコ市警がブラックキャットカフェは同性愛者のたまり場であると証言したため，結局ストーメンは酒類販売免許を取り消された。この決定に対して，1950年にストーメンは弁護士モリス・ロエンソール（Morris Lowenthal）を雇い，サンフランシスコ上級裁判所（San Francisco Superior Court）および第1区控訴裁判所（the First District Court of Appeal）に上訴した。両裁判所はストーメンの上訴を棄却し，BOEの決定を支持する判決を下した。その後，カリフォルニア州最高裁判所（California Supreme Court）が本件を審理することに同意した。1951年にカリフォルニア州最高裁判所は，同性愛者が公共の場所で集まる権利を認め，BOEの決定を却下し，取り消されたストーメンの酒類販売免許を元に戻すよう命じた。

　この *Stoumen v. Reilly* と呼ばれる判例によって，カリフォルニア州は，同性愛者がゲイバーやその他の公共施設で集まる権利を，裁判所が初めて認めた州となった。この判決を受けて，BOEはゲイバーを摘発することを止めた（Boyd, 2003）。結果として，1950年代前半，サンフランシスコにおいて，ゲイバーの従業員の多くが起業し，個性的なゲイバーが次々とオープンした（Boyd, 2003）。こうして1950年代，全米で同性愛者狩りが横行した中，サンフランシスコではゲイバーが当局に立ち向かい，その闘いの結果，同性愛者は生活する都市空間を獲得した。これによって，サンフランシスコは全米の同性愛者が憧れる街となり，さらに多くの同性愛者が全米各地からサンフランシスコに移住した。1950年から60年にかけて，サンフランシスコの単身世帯は倍増し，全世帯の38％を占めるようになった（D'Emilio, 1989）。

ホセ・サリア（Jose Sarria）：市議選に立候補

　1950年代前半，*Stoumen v. Reilly* の判決によって，サンフランシスコ当局によるゲイバーに対するハラスメントは少なくなった。しかし，1950年代後半，3つの出来事によって，当局によるゲイバーの取り締まりは再び厳しくなった。ひとつ目は，1955年にカリフォルニア州酒類管理局（California Department of Alcoholic Beverage Control, ABC）が新たに設立され，BOEに代わって酒類の製造と販売を管理するようになったことである。ABCは酒類販売の管理のあり方をめぐって，BOE時代の酒税収入の確保から，犯罪の撲滅に重点を移し，とくにサンフランシスコのゲイバーに宣戦布告をした（Boyd, 2003）。2つ目の出来事は，1959年に行われたサンフランシスコ市市長選挙において，現職の市長ジョージ・クリストファ（George Christopher）の対抗馬であったラッセル・ウォルデン（Russell Wolden）が，不十分な取り締まりのためサンフランシスコが全米の同性愛の天国になったとして，クリストファおよび現職の警察署長を猛烈に批判し，地元新聞で大きな話題を呼んだことである。再選を果たしたクリストファは，就任後早速新しい警察署長を任命し，ゲイバーに対する取り締まりを強化するよう，市警に指示した。3つ目の出来事は，1960年にゲイバーのオーナーの告発により，数人のサンフランシスコ市警警官が，長年ゲイバーから賄賂を受け取っていた容疑で逮捕され，裁判を受けたことである。このスキャンダルは，警察と市当局をまごつかせた。

　上記3つの出来事によって，1950年代後半，ABCとサンフランシスコ市警によるゲイバーに対する取り締まりは厳しくなった。判例 *Stoumen v. Reilly* によって定められた権利を侵害することはできなかったため，ABCとサンフランシスコ市警は，おとり捜査員を使って，ゲイバーでわいせつ行為が行われた証拠を集めようとした。1961年にABCは，ブラックキャットカフェを含め，サンフランシスコ市における約30店のゲイバーのうち12店に対して免許取り消しの処分を下し，警官収賄裁判でサンフランシスコ市警に不利な証言をしたゲイバーはすべて閉鎖させられた（D'Emilio, 1989; Agee, 2014）[12]。

　こうしたABCとサンフランシスコ市警による不当な処分に対して，ゲイ

バーは再び立ち上がった。1961年、ゲイバーに対する取り締まりが最も厳しかった時期に、ブラックキャットカフェの従業員で有名な女装芸人（drag entertainer）ホセ・サリアが市会議員に立候補した。サリアはアメリカにおける公職選挙に立候補した初めてのオープンゲイ（自らの性的指向を明らかにした同性愛者）となり、このことは1961年秋、サンフランシスコ最大のニュースとなった。サリアは落選したが、6000票を獲得し、33人の立候補者のうち第9位（改選数5）であった（D'Emilio, 1988; Gorman, 1998/2013）。政治家たちは選挙における同性愛者コミュニティの力に驚かされた。サリアの立候補は、同性愛者でも公職選挙に立候補する権利があることをゲイバーの顧客に示した。また、サリアの選挙戦の際に創刊され、ゲイバーで無料配布された新聞は、同性愛者に対する警察の迫害に抵抗し、選挙に積極的に参加することで同性愛者コミュニティの影響力を高めようと呼びかけ（D'Emilio, 1989）、ゲイバーの顧客の政治活動に対する関心を高めた。このように、1960年代、ゲイバーはサンフランシスコにおける同性愛者の政治運動の中心であった。

ゲイバーのオーナーの組織づくり

1962年、サンフランシスコのゲイバーのオーナーたちは、ゲイバーに対する不当な処分に対抗するために、SFTG（San Francisco Tavern Guild）という組織を設立した。SFTGは主に4つの活動を行った。ひとつ目は、テレホンネットワークを立ち上げ、サンフランシスコ市警とABCの動向を迅速にメンバーのゲイバーに伝える活動であった（Boyd, 2003; Agee, 2014）。2つ目は、ゲイバーの顧客に人気が高い仮装イベント、例えばハロウィンパーティなどを開催することで寄付を募り、集まった資金を使って逮捕された顧客に弁護士を雇ったり（Agee, 2014）、警察のハラスメントによって経営難に陥ったゲイバーを救済したり、失業した従業員が起業できるよう資金を提供したりする活動であった（Boyd, 2003）。サンフランシスコでは、ゲイバーが頻繁に閉鎖させられ、その後新しいゲイバーがオープンするような状況が続い

12　ブラックキャットカフェは1963年に閉鎖させられた。

ていたが，SFTG の支援によって，ゲイバーのオーナーと従業員の顔ぶれはほとんど変わらなかった。閉鎖させられたゲイバーのオーナーは新しいゲイバーを開店し，前の店の従業員を再び雇ったのである。Achilles（1967）が描いたように，サンフランシスコにおいて「新しくオープンしたゲイバーでは，以前閉鎖された店で流された音楽と同じ音楽がジュークボックスから流れ，同じバーテンダーがドリンクをつくり，同じ顧客が現れ，同じトピックの会話が交される。そして，ほとんどの場合，ドアのそばに同じ警官が立っている」のであった（Achilles, 1967, p.244）。SFTG が行った3つ目の活動は，醸造所を見学したり，イベントでお酒のプロモーションを行ったりすることで，酒類メーカーと良い関係を築く活動であった。これによって，酒類メーカー，とくにビールメーカーは，ゲイバーと，ABC やサンフランシスコ市警との間の争いでゲイバーを支持する立場をとり，中にはゲイバーの訴訟費用を負担したビール会社もあった（Achilles, 1967）。1964 年から SFTG は政治活動を本格的に開始した。これこそが，SFTG が行った4つ目の活動である。SFTG はサンフランシスコ市の政治家と同性愛者とのミーティングを開き，支持する政治家のために資金および同性愛者の選挙人の票を集めた。SFTG は，たちまち政治家たちにとって無視のできない団体となった（Agee, 2014）。

1964 年，SFTG のメンバーの一部と彼らの仲間は SIR（Society for Individual Rights）という組織をつくり，友情や愛情など，同性愛者の社会的欲求を正当なものとしようとした[13]。1960 年代，サンフランシスコの同性愛主義団体のメンバーは 2000 人にも達し（D'Emilio, 1989），全米の都市で最大規模となった。1964 年に *Life* 誌は，「アメリカの同性愛」（Homosexuality in America）という特集を組み，その中でサンフランシスコを「アメリカのゲイの都」（gay capital of the United States）と呼び，同市のゲイバーを写真と記事を通じて大いに報道した。このように，サンフランシスコにおいて，サリアの立候補および SFTG や SIR の活動が同性愛者の政治力を示したことにより，1960 年代後半になってサンフランシスコ市警によるゲイバーに

13　1968 年に SIR のメンバーは約 1000 人に達し，全米最大の同性愛主義団体となった（D'Emilio, 1989）。

対するハラスメントや，ABCによる不当な処分はほとんどなくなった（D'Emilio, 1989）。全国的な同性愛者解放運動が起きる前にもかかわらず，サンフランシスコのゲイバー関係者の草の根運動によって，カリフォルニア州やサンフランシスコ市の政治家たちは，同性愛者の票を集めるべく，同性愛者の要望を少しずつ受け入れるようになった。サンフランシスコにおける同性愛者の生活環境はさらに改善し，雑誌や新聞による頻繁な報道によって，サンフランシスコは「同性愛者に対して寛容な街」という名声を得た（D'Emilio, 1989, p.467）。こうして，さらに多くの同性愛者が同市に移入した。

3 サンフランシスコ：ゲイにとっての全世界的な「都」へ

1970年代：同性愛者の政治運動

1970年代，同性愛者の移民が大量に流入したことにより，サンフランシスコには同性愛者の住民が集中する近隣地区が誕生し，アメリカの新しい社会現象となった。サンフランシスコの代表的な同性愛者の近隣地区としては，ゲイの住民が集中したカストロ近隣地区（the Castro）とサウスオブマーケット近隣地区があり，レズビアンの住民が集中した近隣地区としては，アッパーミッション（the Upper Mission）というミッション近隣地区の一部，デュボストライアングル（Duboce Triangle），ノイバレー（Noe Valley）があった。これらの近隣地区のメインストリート沿いには，コミュニティの中心であるゲイバーをはじめ，洋服屋やベーカリーなどの物販店，映画館，法律事務所やカウンセリング，医療などのサービス店，さらに演劇グループや様々な教室，職業訓練所，教会などのコミュニティ施設から構成された商店街が栄えた（Lyod & Rowntree, 1978）[14]。

1970年代，草の根運動を継続した結果，サンフランシスコの同性愛者は，他のアメリカ都市の同性愛者と比較して，大きな政治的パワーを獲得した。この時代，同性愛者の政治活動の拠点は，同性愛者の住民が集中する近隣地

---

14 カストロ近隣地区のカストロ通り商店街には，ゲイの銀行家が開いた銀行まであった。

区の中心に存在する商店街であった。1973年，カミングアウトゲイであり，カストロ近隣地区におけるカストロ通り商店街でカメラ店を営み，商店街の商人連合会会長を務めたハーヴェイ・ミルク（Harvey Milk）は市会議員選挙に立候補した。2回の落選を経た（1973年と75年）後の1977年，ミルクは，カミングアウトゲイとしてアメリカではじめて市会議員に当選した。

1977年に，保守派のカリフォルニア州議会議員ジョン・ブリッグス（John Briggs）は，法案Proposition 6，すなわち公立学校から同性愛者の教職員および彼らの支持者を追放するという法案を，州民投票にかけるべく提出した。法案Proposition 6は，カリフォルニア州史上，最も長きにわたる，最も大規模な同性愛者の政治運動を引き起こした（Shilts, 2008）。この法案提出がきっかけとなり，カリフォルニア州の各地に数多くの同性愛者の組織が設立され，サンフランシスコの同性愛者は政治運動の最先端に立った。ミルクをはじめとするサンフランシスコの同性愛者の活動家たちは，法案Proposition 6を，同性愛者だけではなく，人種的マイノリティ，女性，さらに労働者に対する保守派の攻撃であると捉え，急進的な方法で真正面からブリッグスと闘った。その結果，1978年3月にサンフランシスコ市では同性愛者の権利を守る包括的な条例が市議会で承認され，また，同年11月に実施された州民投票の結果，法案Proposition 6は，反対者58％で否決された。サンフランシスコ市における法案反対者は75％にも達した（Shilts, 2008）。

しかし，法案Proposition 6が否決されてからわずか3週間後の1978年11月27日，サンフランシスコ市長モスコネと市会議員ミルクは，元市会議員で保守派のダン・ホワイト（Dan White）に殺害された。1979年5月21日，犯人ホワイトには故殺罪（voluntary manslaughter）[15]が適用され，7年の禁固刑という軽い判決が下った。このことが引き金となり，この判決に怒ったサンフランシスコの同性愛者たちが市役所の前で暴動を起こし，パトロールカーに火をつけたり，市役所の器物を破壊したりした（Stryker & Buskirk, 1996）。その後，暴動者に報復するために，サンフランシスコ市警はカストロ通り商店街のゲイバーを襲撃し，ゲイバーの顧客と外の歩道にいた同性愛

---

15 故殺とは，被告人が相手に怪我をさせる意図はあったが，殺す意図がなかった場合の殺人である。

写真3-2　2014年SF Prideに参加したサンフランシスコ市長エドウイン・リー
　　　　（Edwin Lee：GLBTのシンボルであるレインボーカラーのサングラス
　　　　をかけている人物）

（出所）筆者撮影。

者に暴行を加えた。結果として約60人の警官と100人の同性愛者が重軽傷を負った（FitzGerald, 1986; Robinson, 2002）。混乱が収まった後，サンフランシスコ市における同性愛者の政治力をはっきりと認識した市長ダイアン・ファインスタインは，それまで以上に同性愛者を市の公式委員会の要職に登用するなど，積極的に同性愛者を市政の各分野に参加させた。

　1970年代から，同性愛者を含めたGLBTの平等人権を訴えるプライド・パレード（Pride Parade）が，毎年6月に全米のいくつかの大都市で行われるようになった。サンフランシスコのパレード（SF Pride）は，参加者数が最も多いだけではなく，市会議員や市長など多くの政治家も参加するようになった（写真3-2）。このように，サンフランシスコの同性愛者解放運動は，アメリカにおいて最も成功したものとなった。

1980年代から90年代：エイズとの闘い

　1981年にアメリカ疾病管理予防センター（Centers for Disease Control：現 Centers for Disease Control and Prevention, CDC）は，ロサンゼルスでゲイのエイズ感染者が発見されたことを正式に発表した。1980年代前半，アメリカのゲイのコミュニティでエイズ感染が広がったにもかかわらず，1985年までレーガン大統領がこの疾病について言及することはなかった（Shilts, 2007）。エイズ感染に対して連邦政府の対応が著しく遅れた中，サンフランシスコのゲイのコミュニティとボランティアたちは，カストロ近隣地区を拠点に様々な団体を組織し，エイズ感染に関する情報を伝達し，エイズ感染者に臨時の住宅を提供し，彼らの世話をするなど様々なサポートを行った（Stryker & Buskirk, 1996; Armstrong, 2002; Shilts, 2007）。

　1980年代初めから，サンフランシスコのゲイのコミュニティにおいてエイズ感染者が次々と発見され，死亡者が続出した。疾病の正体と感染ルートに関する研究がなかなか進まず，情報が乏しかったため，ゲイの住民と彼らの親族や友人がパニックに陥った。実際，当時のサンフランシスコ市会議員ウェンディ・ネルダ（Wendy Nelder）が，カストロ近隣地区近くの丘「ツインピークス」（Twin Peaks）に設置されたテレビ塔が当該地区にマイクロ波を放射したことが住民発病の原因であるとマスコミに対して公言したほど（Peskind, 2002），エイズの感染ルートについて人々は混乱していた。こうした状況の中，カストロ通り商店街は1970年代の活気を完全に失い，ゲイバーだけではなく，洋服店のような物販店からも顧客がいなくなった。例えば，ある洋服店のオーナーは，1984年頃の店の状況について次のように述べている。「私の店の顧客のうちゲイの顧客は半分だけだったが，エイズの広がりで店の経営は一変した。（エイズの感染ルートが分からないため）異性愛者の顧客はゲイが触った洋服を試着したがらない。店には（ゲイだけではなく）異性愛者の顧客も来なくなった」（Sides, 2009, p.181。括弧は筆者による）。

　エイズが急速に蔓延する中，早くも1981年以降，カストロ通り商店街にエイズ感染者をサポートするボランティアグループが次々と誕生した。例えば，1982年，ボランティアの支援の下で，3人の男性がカストロ通り商店

街に「サンフランシスコ・カポジ肉腫ファンデーション」(San Francisco Kaposi's Sarcoma Foundation) を設立した。後に「サンフランシスコ・エイズファンデーション」(San Francisco AIDS Foundation) と名称を変更したこの組織は，エイズ感染に関する最新の情報を収集して患者に伝えると同時に，エイズ感染者を支援するために募金活動を始めた。また，ベイエリアのバークレーに本拠を置く，患者支援のための組織「シャンティ」(Berkeley Shanti Project) も，同じ時期に，カストロ通り商店街に拠点をつくり，エイズ感染者に情報を提供し，患者の世話を行った[16]。これらのサポート団体の存在によって，1980年代サンフランシスコは，エイズ感染者に対して，ニューヨークなど他の都市と比較して，より良い介護を提供していた (Sides, 2009)。実際，1983年5月にコロラド州デンバーで開催された，エイズ感染を中心テーマとした「同性愛者ヘルスコンファレンス第5回全国大会」(the Fifth National Lesbian/Gay Health Conference) において，サンフランシスコ・エイズファンデーションおよびシャンティは，エイズに関する教育と介護の団体として，全米のみならず世界的なモデルとなった (Peskind, 2002)。

　こうしたエイズ感染者に対する組織的な支援活動だけではなく，1980年代，個人の活動家たちによる抗議活動も，カストロ近隣地区を拠点に行われた。1982年，カストロ近隣地区に居住し，エイズに感染した活動家たちは，エイズ関連の研究により多くの資金を投入し，またエイズ感染者にソーシャルサービスを提供するよう，市当局に強く要請した。また，同年，エイズ感染に対する当局の迅速な対応を促すために，サンフランシスコのエイズ感染者および彼らの友人，親戚，さらに彼らをサポートした数千人の市民が，市の幹線道路マーケットストリートに沿ってカストロ近隣地区から市役所までキャンドルライトをもってデモ行進を行った。さらに，1987年に，カストロ近隣地区のゲイの活動家クリーブ・ジョーンズ (Cleve Jones) は，エイズ感染症で命を失った人々を記念するため，「エイズ追悼キルトプロジェクト」(NAMES Project AIDS Memorial Quilt) を創始した。

　1987年になって，ようやく最初のエイズ治療薬AZTがバロウス・ウェ

16　1982年10月にシャンティは財政難に陥ったが，サンフランシスコ市当局の支援の下で，本拠をサンフランシスコ市に移転した。

ルカム社（Burroughs Wellcome）によって発売されたが，薬の副作用が大きいだけではなく，年間の治療費が約1万ドルに達するほど非常に高価であった（Sides, 2009）。製薬会社が不当利益を得ていたことや，アメリカ食品医薬品局（Food and Drug Administration, FDA）が他の治療薬をなかなか承認しなかったことに激怒した全米の活動家たちは，早速抗議グループ「アクトアップ」（AIDS Coalition to Unleash Power, ACT-UP）を組織し，サンフランシスコにおいてもアクトアップの活動組織が設立された[17]。1980年代末から90年代初めにかけて，アクトアップのメンバーは複数の抗議活動を組織し，そのうちの2つは全米で大きく注目された。ひとつは，1989年にアクトアップのメンバー280名がカストロ近隣地区のメインストリート「カストロ通り」（Castro St）を3時間以上も封鎖したものである（DelVecchio, 1989）。もうひとつの抗議活動は，1990年にサンフランシスコで「第6回国際エイズコンファレンス」（the Sixth International Conference on AIDS）が開催された際，会場となったマリオットホテルのドアを抗議者たちが2時間以上封鎖し，幹線道路マーケットストリートで500人が寝込み抗議を行ったものである（DelVecchio, 1990; Sides, 2009）。この事件はサンフランシスコで起きた最大の抗議活動であり，寝込み抗議者のうち140人が逮捕された（DelVecchio, 1990）。抗議者はエイズ治療薬の早期生産および，女性のエイズ患者に対する公的支援を要求した（DelVecchio, 1990）。1996年にエイズ感染者の延命を可能にする治療法が登場し，これでようやくサンフランシスコにおける様々な抗議活動が終焉した。エイズ危機を乗り越えるプロセスにおいて，サンフランシスコの同性愛者コミュニティは，ゲイやレズビアン，異なる政治的主張を持つグループ同士，前例のない団結を見せた。その結果，同市は同性愛者コミュニティの世界的な中心となった。

おわりに

1964年，*Life*誌がサンフランシスコを「アメリカのゲイの都」と称し，

---

[17] 組織の名称は「サンフランシスコ・エイズアクションプレジ」（San Francisco AIDS Action Pledge）であった。

同市のゲイバーのイメージを写真を通じて全米に伝えてから半世紀が経った。現在，サンフランシスコには，かつて以上に多くの同性愛者が住んでいる。彼らは企業で働いたり，起業したりし，また，支配的な価値観やライスタイルに異を唱える同市の精神を受け継いで，草の根運動を続けている。サンフランシスコには，同性愛者の住民の比率が高い近隣地区がいくつも存在し，その商店街には同性愛者や異性愛者の起業家が経営する個性あふれる店が集まっている。サンフランシスコの商店街は，地元住民がショッピングを楽しむ場所であると同時に，住民同士が社交するコミュニティセンターでもある。そこで売られている商品のほとんどは，プラスティックのケーブルカーや，「アイ・ラブ・サンフランシスコ」（I ♥ SF）や「アルカトラズ」などの文字の入ったTシャツのような廉価な土産物ではなく，地元住民が必要とし，好んで購入する商品である。

このように，今日のサンフランシスコは，かつての同性愛文化を思わせる遺跡になったのではなく，むしろ「世界の同性愛者の都」（world's gay and lesbian capital）へとさらなる発展をとげた（Appell & Balido, 1998）。これは，「同性愛者の総本山」（a queer homeland）や「同性愛者の聖地」（sacred place）としてのサンフランシスコの本物性の現れであり（Howe, 2001; Mitulski, 2002），こうした本物性こそが数多くの「同性愛者の巡礼者」（queer pilgrimage）を惹きつけている（Howe, 2001）。

サンフランシスコの同性愛者コミュニティの発展の歴史は，同性愛者たちが自ら利用できる都市空間を獲得するために闘ってきた歴史でもある。都市部のゲイバーの集積や，同性愛者が集中する住宅街および彼らを顧客として歓迎する商店街は，こうした都市空間の代表である。家父長制に基づいた異性愛核家族こそが唯一の正しいライフスタイルであり，同性愛者を公的空間から一掃しなければならないとした戦後アメリカの支配的な価値観と不寛容に対抗する形で，サンフランシスコの同性愛者たちは，同性愛者コミュニティのための公的空間を創り上げ，その空間を守るために権力に立ち向かい続けた。こうした同性愛者の草の根運動の結果，サンフランシスコは多様性に富み，様々な価値観に寛容な街となった。このような都市の特徴に惹かれて，同性愛者がますます同市に移り住み，自らの才能を開花させた。こうして，

サンフランシスコは，全米だけではなく，世界のゲイたちの都になったのである。

第4章 サウスオブマーケット：レザーサブカルチャーのメッカ

> SOMA is not a 'blighted zone' awaiting redevelopment.
> サウスオブマーケットは再開発を必要とする『荒廃地区』ではない。
> （キャスリーン・コーネル：フォルサムストリートフェアの発起人，1984）

はじめに

サンフランシスコのマーケットストリートは，同市の最も主要な道路であ

図 4-1　サウスオブマーケットの位置

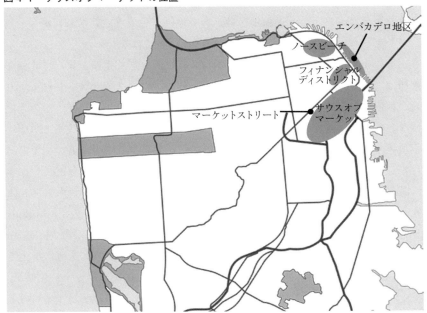

（出所）Google 地図データより筆者作成。

り，市内を斜めに走るこの道路によって，同市は北と南の2つの部分に分けられている（図4-1）。マーケットストリートより南の地区は，サウスオブマーケットまたはソーマ（SOMA）と呼ばれ，レザーマンの人口密度および彼ら向けの商業施設の密度が最も高い近隣地区である（Rubin, 1998）。レザーマンとは，ゲイのサブグループのひとつであり，「女々しい男性」と思われがちなゲイの一般的なイメージとは対照的に，自らの身体的な「男らしさ」（gay masculinity）を誇示し，また交際相手に対しても男らしさを求める人々である。彼らはバイクウェアの黒いレザージャケットを着用し，それを自分たちのシンボルとしているため，レザーマンと呼ばれている。サンフランシスコのサウスオブマーケット近隣地区内では，地区を通る主要な道路のひとつであるフォルサムストリート（Folsom St）沿いに，約1マイル（1.6km）にわたってレザーサブカルチャー関連のビジネスが集積し，「ミラクルマイル」（the Miracle Mile）と呼ばれている。ミラクルマイルは世界最大規模のレザーサブカルチャーの商店街であり（Rubin, 1998），レザーサブカルチャーのメッカとして，全米のみならず世界中から観光客を引き寄せている。

　サウスオブマーケット近隣地区は，近隣地区として成立した当初から一貫してレザーサブカルチャーのメッカであった訳ではない。マーケットストリートによって二分されたサンフランシスコにおいて，道路を挟んで北側と南側は，歴史的に2つの対照的な世界であった。マーケットストリートより北の地区は，古くから市の政治と金融の中心であったのに対して，南の地区すなわちサウスオブマーケットは，19世紀終わりから1950年代まで，中小製造業や倉庫，労働者階級の住宅街と商店街が集積する，労働者の街であった。しかし，1950年代に入り，サンフランシスコの製造業と海運業が徐々に衰退するにつれて，同地区は，チャイナタウンおよびアフリカ系アメリカ人と日系人の近隣地区であるウエスタンアディション（Western Addition）と並んで，市内で「最も荒廃した地区」（San Francisco Redevelopment Agency, 1952, p.1）と市当局にみなされ，都市再開発事業の実施地に指定された。1960年代，都市再開発事業の実施をめぐって住民が当局と争った結果，多くの住民と企業がサウスオブマーケットから転出した。しかし，結局のところ，再開発事業が着工されるまでに時間がかかったため，同地区には多く

の空き物件が残されたままとなった。皮肉なことに，こうした家賃の安い空き物件が，多くの起業家（同性愛者と異性愛者）をサウスオブマーケットに惹きつけた。同地区には，レザーサブカルチャー関連のビジネスが次々と開業し，ミラクルマイルが形成されるに至った。

　ところが，1982年に最盛期を迎えたミラクルマイルは，1980年代のエイズ感染の蔓延と，再び加速した都市再開発事業によってほぼ全滅した。しかし，驚くべきことに，1990年代に入ってエイズ感染がある程度コントロールされると，ミラクルマイルは再生を遂げたのである。現在，毎年9月にフォルサムストリート商店街で開催されるイベント「フォルサムストリートフェア」(Folsom Street Fair)は世界最大のレザーサブカルチャーのイベントとなり，世界中から約40万人が毎年このイベントを訪れている。また，ニューヨークとドイツのベルリンにおいても，これにちなんだイベントが「フォルサムストリートイスト」(Folsom Street East)および「フォルサムヨーロッパ」(Folsom Europe)という名称で開催され，ミラクルマイルは名実ともにレザーサブカルチャーの世界的中心となった。

　製造業の衰退および都市再開発事業をめぐる紛争によって，空き物件ばかりが残されたサウスオブマーケットは，どのようにレザーサブカルチャーの中心に発展し，繁栄するようになったのか。また，エイズ感染の蔓延と再開発事業の実施によって一度衰退したミラクルマイルは，どのように再生したのか。本章では，サウスオブマーケット近隣地区の変化のプロセスを明らかにすることで，これらの問題を検討する。本章の構成は次の通りである。次の第1節では，1840年代末から1950年代まで，サウスオブマーケットが工場と倉庫の集積および労働者階級の近隣地区に発展した過程を説明する。第2節では，1960年代から1980年代半ばにかけて，サウスオブマーケットがレザーサブカルチャーの中心に変化した要因とプロセスを明らかにする。第3節では，1980年代後半，サウスオブマーケットにおいてレザーサブカルチャーが衰退した原因を説明した上で，1990年代ミラクルマイルの再生をもたらした要因を検討する。おわりにでは，第1節から第3節までの内容に基づいて，衰退した近隣地区が人気の高い観光スポットに変化するメカニズムについて分析し，本章の内容をまとめる。

1 工場・倉庫の集積と労働者階級の近隣地区： 1840年代末〜1950年代

労働者階級の近隣地区の発展

　サンフランシスコのサウスオブマーケット近隣地区は，次の範囲の地区を指す。北西のマーケットストリートおよび，東北のサンフランシスコ湾（埠頭を除く），東南のミッションチャネル（Mission Channel），南西の3本の道路すなわちディヴィジョンストリート（Division St），サーティーンスストリート（13th St），高速道路101（U.S. Highway 101）に囲まれる地区である（図4-2）。1848年にゴールドラッシュが始まった時から，この地区には金鉱の労働者が住み始めた。ファーストストリート（1st St）より東のエリアは後に埋め立てられたエリアであるため，当時のファーストストリートは

図4-2　サウスオブマーケットの範囲

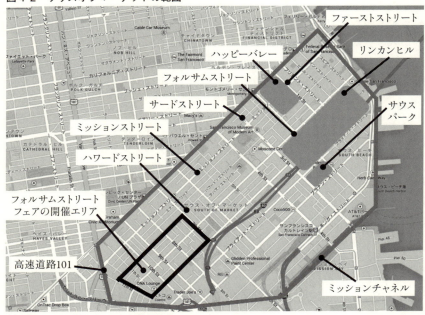

（出所）Google 地図データより筆者作成。

サンフランシスコ湾に面していた[1]。1849年頃，ファーストストリートとセカンドストリート（2nd St），マーケットストリート，ハワードストリート（Howard St）に囲まれたエリアには，金鉱労働者のテントが1000以上立てられた。家族を持たずに身軽な生活を送る独身の労働者が集中したこのエリアは，「ハッピーバレー」（Happy Valley）と呼ばれていた。一方，1850年代，サウスオブマーケットには「リンカンヒル」（Rincon Hill）と「サウスパーク」（South Park）という2つの高級住宅街も開発された（図4-2）。

　ファーストストリートとその周辺には，1850年から製鉄所や機械工場，ボイラー工場，銃弾工場，ガス工場，船修理工場，家具工場が次々と建設され，さらに，海運業の発達によって倉庫と卸売企業も急増した。周辺には従業員向けの住宅が建てられ，リンカンヒルとサウスパークの両高級住宅街は，工場と倉庫およびその従業員の住宅に囲まれるようになった。1873年に，マーケットストリートより北のノブヒル地区に行くケーブルカーが開通すると，サウスオブマーケットの富裕層はノブヒル地区に移り住むようになり[2]，二度とサウスオブマーケットに戻ることはなかった。サウスオブマーケットに残された豪邸は取り壊されたり，労働者向けの下宿屋に変えられたりし，同地区は工場と倉庫，労働者階級の住宅，彼ら向けの商店街が集まる地区となった。1870年代にサンフランシスコで生まれた作家ジャック・ロンドン（Jack London）は，マーケットストリートをサンフランシスコの社会階層の分かれ目にたとえ，その南北の特徴を次のように描写した。マーケットストリートより北の地区は，「劇場や高級ホテル，（洒落た）商店街，銀行，威風堂々とした立派な住宅」が集中したエリアであったのに対して，サウスオブマーケットは「大量生産の工場やスラム街，クリーニング屋，機械工場，零細なボイラー製造企業，労働者階級の住宅」が密集した地区であった（Calder-Marshall, 1963, pp. 192-193）。

　さらに，サンフランシスコの他の労働者階級の住宅街とは異なり，サウスオブマーケットには，独身の男性労働者が多く居住していた。そのため，「レジデンシャルホテル」と呼ばれる長期賃貸の安ホテルや下宿屋が多く建てら

1　これはファーストストリートの名称の由来である。
2　ノブヒル地区は今日までサンフランシスコの高級住宅街であり続けている。

れた。実際，1870年代，サンフランシスコに存在したレジデンシャルホテルの4分の1と，食事つきの下宿屋の約3分の1，食事なしの下宿屋の半分はサウスオブマーケットに立地していた（Averbach, 1973; Bloomfield, 1995/1996）。1870年代，同地区を通る主要な道路であるミッションストリート（Mission St）とハワードストリート沿いには，食料品店や服地屋，ベーカリー，靴屋，靴修理店，裁縫店，公共浴場，バー，レストラン，クリニック，エスニック団体，売春宿，葬儀屋などが密集し（Page & Turnbull, Inc., 2009），商店街は大きく繁栄した。1870年代，サンフランシスコ市に登録されていたレストランの3分の1もサウスオブマーケットに立地していた。

1906年，サンフランシスコ大地震とその後の火災によって，サウスオブマーケットの建物はほぼ全焼した。地震後のサウスオブマーケットでは，サンフランシスコの他の地区と同じように，工場と倉庫が迅速に再建された。一方，震災によって転出した労働者階級の家庭は，サウスオブマーケットには戻らなかった。結果として，同地区の男性住民の比率は震災前よりさらに高まった。実際，震災前の1900年に比べて震災後の1910年にサンフランシスコ市の人口は7万4000人増加したにもかかわらず，同じ時期にサウスオブマーケット地区の人口は6万2000人から2万4500人に大きく減少した（Averbach, 1973）。と同時に，男性住民の比率は80％にも達した（Averbach, 1973）。震災後，独身の男性向けの住宅が急ピッチで建設され，震災の翌年の1907年だけでも，58軒のレジデンシャルホテルと80軒の下宿屋が建てられた（Averbach, 1973）。震災後，かつてのアイルランド・ドイツ・スカンジナビア系の移民に加えて，ギリシャと東ヨーロッパのユダヤ人，ウクライナ人，日本人，さらに中米諸国の新しい移民がサウスオブマーケットに住み着き，地区は多様な民族集団が住む近隣地区となった[3]。震災後，サードスト

---

3 Bloomfield（1995/1996）は，1920年の国勢調査のデータを利用して，サウスオブマーケットの15軒のレジデンシャルホテルに居住していた223人の入居者のプロフィールを分析した。その結果，入居者の98％は男性で，70％は独身であり，既婚者でも妻と同居している人は全くいなかった。また，同分析によると，223人の入居者のうち，64％はアメリカ生まれであり，残りの外国生まれの入居者はヨーロッパ各国，カナダ，アジアというように出身国が様々であったという。さらに，223人の入居者のうち，16％はホワイトカラーの労働者，34％は熟練労働者，6％は半熟練労働者，10％は近くのレジデンシャルホテルの従業員，20％は鉱山労働者，農業労働者，船員などの季節雇用の肉体労働者であった（Bloomfield, 1995/1996）。

リート（3rd St）および，それと交差するハワードストリートに新しい商店街が形成され，安いレストラン，バー，質屋，仕事斡旋所，中古品店，新聞・たばこ販売店，ビリヤード場，映画館，公共浴場，理髪学校（生徒は無料で理髪サービスを提供して技術を練習した）など，独身の男性向けの小売・サービス店が集積した（Averbach, 1973; Groth, 1994; Bloomfield, 1995/1996）。

　第二次世界大戦中，軍事工場で働くために南部諸州からサンフランシスコに移住したアフリカ系アメリカ人の多くが，サウスオブマーケットに住み着いた。また，戦後になると，フィリピン人の移民が地区に移入し，地区内の主要な住宅街における非白人住民の比率は，1940年の5%から1950年の14%に増加した（Bloomfield, 1995/1996）。1950年代にサンフランシスコ都市再開発公社（San Francisco Redevelopment Agency, SFRA）[4]が実施した調査によると，戦後から1950年代まで，サウスオブマーケットは，倉庫と工場，多様な民族集団・職業の労働者，とりわけ独身の男性労働者が住むレジデンシャルホテルと下宿屋，さらにこれらの住民にサービスを提供する商店街が集積した地区であったという。地区の土地の約半分は工業利用であり，約4分の1は商業利用，約1割は住居利用であった（San Francisco Redevelopment Agency, 1952）[5]。サウスオブマーケットには，機械製造工場，自動車修理工場，金属薄板の工場，溶接工場，印刷所，アパレル工場，商業企業向けのクリーニング工場，家具工場，醸造所，ボトリング会社，食品加工工場があり，それらの工場は9万2000人を雇用していた（San Francisco Redevelopment Agency, 1952）。一方，サウスオブマーケットの住民は約2万2000人であり，そのうち男性住民の比率が約7割と，市平均の約半分と比較してはるかに高かった（San Francisco Redevelopment Agency, 1952）。当時サンフランシスコ市の持家率は35.5%であったのに対して，サウスオブマーケットの持家率は8.0%と低く，また，家賃は市平均の月額44.50ドルに対して，サウスオブマーケットでは月額26.30ドルと安かった（San Francisco Redevelopment

---

4　サンフランシスコで都市更新事業を計画し実施する公的機関である。
5　この調査では，建物の一階部分の利用状況に応じて土地区分が決められた。多くのレジデンシャルホテルの1階部分には商業テナントが入っていたため，調査結果における住居利用の割合は実際より少なかった可能性がある。しかし，おおむね地区の土地利用状況を示したと考えられる。

Agency, 1952)。従来のサードストリートに加えて，地区の北部を通る主要な道路ミッションストリートとシックスストリート (6th St) にも新しい商店街が形成され，商店街には鮮肉店や加工食料品店，雑貨店，理髪店，クリーニング屋，薬屋，定食屋，バーが集積し，地区の住民と工場・倉庫の労働者にサービスを提供していた。

　こうした工場，倉庫，住居，商業施設が混在する，いわゆるミックスユーズ地区であるサウスオブマーケットは，当時のサンフランシスコにおける中産階級の人々からは軽蔑され，敬遠された。彼ら中産階級は，昼間はダウンタウンで働き，夜には郊外の自宅に帰るというライフスタイルの下で生活していたからである。しかし，サウスオブマーケットの住民は，自らの近隣地区での生活に満足していた。1930年代からサウスオブマーケットのレジデンシャルホテルに居住し，後に都市再開発事業によって立ち退かざるを得なくなった商船船員ピーター・メンデルソーン (Peter Mendelsohn) は，サウスオブマーケットでの生活について「楽しいもの」であったとコメントしている (Bloomfield, 1995/1996, p.389)。彼は「レジデンシャルホテルの入居者たちは，友達と同じ場所に住みたいがために，いつも同じホテルに泊まっていた。彼らは一緒に酒を飲み，世間話や噂話をし，トランプやドミノで遊び，サウスオブマーケットを自分の家であると思っていた」と回想した (Bloomfield, 1995/1996, p.389)。

労働者階級の近隣地区の終焉

　ミックスユーズ地区であったサウスオブマーケットは，住民たちにとっては，楽しく生活できる場所であった。にもかかわらず市当局は，同地区はサンフランシスコ内で最も荒廃した地区のひとつであるとの認識を持っていた。1952年にSFRAは「サウスオブマーケットにおける都市再開発の実行可能性」(The Feasibility of Redevelopment in the South of Market Area) を公表し，その冒頭においてサウスオブマーケットに関する次のような認識を明記している。サウスオブマーケットは「長期にわたって荒廃地区として認識されており，地区の生活環境は不愉快で，衛生的でなく，また危険である。さらに，当該地区の存在は，工業地区として産業の発展を阻害し，市の財源

を枯渇させる」(San Francisco Redevelopment Agency, 1952, p.1)。SFRA は，ダウンタウンとファイナンシャルディストリクトに近く（図 4-1），地区としての面積が大きいサウスオブマーケットにおいて，既存の建物を取り壊し，大規模な都市再開発事業を実施すれば，巨額の利益を得られると考えた。SFRA の理事長ジャスティン・ハーマン（Justin Herman）は，サウスオブマーケットの土地が「あまりにも貴重なので，貧乏人に駐車させるのはもったいない」と公然とコメントした（Hartman, 1974, p. 19）。

　1953 年に SFRA は，サウスオブマーケット内 12 ブロックの「荒廃地区」において，都市再開発事業を行う計画を発表し，大手民間デベロッパーはこの計画を強く支持した。1966 年，サウスオブマーケット地区において，イエバブエナセンター事業を実施する計画が市議会に承認された。この事業の目的は，観光産業の振興と大手企業の誘致であり，地区の建物を全面的に取り壊して，コンベンションセンターやホテル，大規模な高級小売施設，オフィス，中産階級や富裕層向けの住宅を建設することが計画された。市議会が事業を承認した後，住民の立ち退きが直ちに開始された。しかし，中小企業のオーナーと住民は TOOR という組織をつくり，激しい反対運動を起こした。1969 年，TOOR は，低所得者に法律サービスを提供する SFNLAF の支援を得て訴訟を起こし（Hartman, 1974），1979 年の訴訟終了まで，事業の実施を 10 年間も遅らせることに成功した[6]。また，この 10 年間，サウスオブマーケットにおける再開発事業に反対する様々な組織が誕生し，そのうち，低所得の高齢者向けの住宅を開発する非営利団体 TODCO（Tenants and Owners Development Corporation）は，地区のコミュニティの維持に重要な役割を果たした。

　サウスオブマーケットにおいて，住民と市当局の間で再開発事業をめぐる紛争が続いた時期は，戦後サンフランシスコの製造業と海運業，卸売業が衰退した時期と重なった。サンフランシスコ市内に立地していた製造業と卸売業は，1960 年代に入ると，郊外のサウスサンフランシスコ（South San Francisco）やサンブルーノ（San Bruno），サンリアンドロ（San Leandro），

---

[6] イエバブエナセンター事業の計画と実施，さらに市民の反対運動については，畢（2014）で詳細に説明されている。

サンタクララ郡（Santa Clara County）など他の地域に移転した。サンフランシスコは，かつてベイエリアの製造業の中心であった。しかし，1977年，サンフランシスコの製造業雇用がベイエリア全体に占める割合は12％に，卸売業の雇用が占める割合は25％に低下した（Page & Turnbull, Inc., 2009）[7]。このような都市再開発事業と製造業・卸売業の衰退によって，サウスオブマーケットでは工場と倉庫が減少し，また，これらの企業の従業者も，移転した企業を追って，郊外または他の地域に移転した。1960年代から70年代半ばにかけて，サウスオブマーケットには住宅と工業・商業用の空き物件が増加し，それらの空き物件の家賃は非常に安かった（Rubin, 1997, 2000; Stewart, 2011）。1970年の国勢調査によると，サウスオブマーケットの世帯年収の中央値は2734ドルであり，当時のサンフランシスコ市の世帯年収の中央値の26％であった（Averbach, 1973）。同地区が労働者階級の近隣地区として繁栄した時代は終焉した。その一方で，安い家賃と多くの空き物件の存在は，アーティストやラディカルな活動家，さらにゲイといった社会のメインストリームから外れたアメリカ人をサウスオブマーケットに惹きつけた。

2 サウスオブマーケットのミラクルマイル

サンフランシスコには，1900年代からすでに同性愛者の社交の場であるゲイバーが出現し，その多くは船員が集まる港湾エリア「エンバカデロ地区」（Embarcadero）と，近隣のノースビーチ近隣地区に集積した（図4-1）。ノースビーチのゲイバーでは，華やかな異性装者のショーが上演された。同性愛者だけではなく，ボヘミアンの作家や芸術家も常連客であり，また，多くの観光客も訪れた。一方，エンバカデロ地区のゲイバーは荒々しいエリアであり，同性愛者の中でも大胆な人しか行かなかった（Rubin, 2000）。1954年から61年にかけてサンフランシスコ市警は，エンバカデロ地区のゲイバー

---

[7] サンフランシスコにおいて，製造業と卸売業の雇用が減少した一方で，1970年代から80年代にかけて，金融・保険および不動産，専門サービス等のホワイトカラーの雇用は大きく増加した。ファイナンシャルディストリクトは新規雇用を最も多く創出した地区であった（Page & Turnbull, Inc., 2009）。

に対して手入れを行った（D'Emilio, 1988; Rubin, 1998）。また，1959年からエンバカデロ地区では都市更新事業が実施された。サンフランシスコ市警の手入れによって，エンバカデロ地区のゲイバーのほとんどが閉鎖させられた。また，都市更新事業によってエンバカデロ地区の古い建物は取り壊され，同地区には高級ホテル・オフィスビル・高級小売の複合施設である高層ビルが次々と建設された[8]。このように，サンフランシスコ市当局は，市警の権力と都市再開発事業を利用して，貴重な港湾地区の土地を「性的逸脱者」から奪回し，そこに近代都市サンフランシスコの玄関をつくり上げた。

　しかし，こうしてエンバカデロ地区から駆逐された同性愛者と，彼らの社交場であるゲイバーが完全に消滅したわけではなかった。1960年代，サウスオブマーケットと，マーケットストリートより北のポークストリート（Polk St）沿いに，同性愛者向けの商業施設の集積が新たに形成されたのである。1960年代のサウスオブマーケットにおいて，多数の低家賃空き物件が存在したことが，廉価なアトリエを探していたアーティストや，練習場所を探していたミュージシャン，同性愛者（彼らの中にはアーティストが少なくなかった），NPO団体を同地区に惹きつけた。借り手を容易に見つけることができなかった不動産所有者は，喜んで彼らに建物を貸した。安い家賃，多くの空き物件，労働者階級独特の雰囲気，さらに，夜間住民が少ないため近隣とのトラブルが少ないというサウスオブマーケットの特徴は，ゲイバーを開業しようとした商人をも同地区に引き寄せた（Rubin, 1997）。

　戦後，サンフランシスコのゲイのコミュニティは，中年・年配のゲイ，異性装者のゲイ，トランスジェンダー，レザーマンなどのサブグループに細分化した。1960年代からサウスオブマーケットに集中したのはレザーマンであり，地区の商店街にはレザーマンの社交の場であるレザーバーが集中するようになった。1962年，サウスオブマーケットにおける最初のレザーバー「ツールボックス」（Tool Box）がゲイの商人によってオープンした。このレザーバーの存在が，サウスオブマーケットを，レザーサブカルチャーの中心として，全米さらに全世界で有名なものにした。なぜならば，ツールボッ

8　この都市更新事業は「ゴールデンゲートウェイ」（Golden Gateway）事業と命名された。畢（2014）は事業の計画と実施プロセスを詳細に説明している。

スの従業員でもあった地元のアーティスト，チャック・アーネット（Chuck Arnett）が，ツールボックスの壁面にレザーマンを題材にした巨大な壁画を描き，この壁画の写真が，1964年にLife誌が組んだ「アメリカの同性愛」特集において，巻頭2頁にわたって大きく掲載されたからである。この壁画に描かれたレザーマンは，アーネット自身とツールボックスの常連客であり，ゲイバーのマネジャーやバーテンダー，守衛，レザーサブカルチャー関連のアーティストたちがモデルとなった[9]。1971年にツールボックスは都市更新事業の実施用地に指定されたため取り壊されたが，その壁画を写したLife誌の写真は，「ゲイたちの都」サンフランシスコにおける「レザーマンの都」としてのサウスオブマーケットを象徴するシンボルであり続けた。

ツールボックスに続き，1960年代後半「フィービース」（Febe's）や「ラムロッド」（Ramrod）といった有名なレザーバーがフォルサムストリート沿いに相次いで開業した。また，フォルサムストリート周辺のブロックには，レザージャケットと小物，レザーマンが好むジーンズ，ブーツ，ハーレーキャップなどを販売する物販店，レストランが集積し，フォルサムストリート商店街はレザーマン，さらにレザーサブカルチャーに興味がある人向けの商店街として繁栄した。1970年代に入ると，フォルサムストリート商店街では，レザーバーとレザーサブカルチャー関連のビジネスの開業がさらに増加した。商店街は世界で最も規模が大きく，密度が高いレザーサブカルチャーの商店街となり（Rubin, 1998），「ミラクルマイル」と呼ばれるようになった。フォルサムストリート商店街の成功は，ゲイの他のサブグループ向けのビジネスをもサウスオブマーケットに惹きつけた。1970年代後半，サウスオブマーケットは，異なるサブグループの同性愛者のアパート，こうした住民向けの商店街，倉庫，小さな工場が混在する地区となった。

サウスオブマーケットに移入した同性愛者の住民と同性愛文化関連のビジネスのオーナーは，地区の老朽住宅と店舗を修繕し，地区の環境を大きく改善した。例えば，1970年代サウスオブマーケットに移住した同性愛者であり，

9　例えば，壁画に描かれたアーティスト，マイク・カフェ（Mike Caffee）は，1966年にミケランジェロのダビデ像をベースにして，彫像「レザーダビデ」（leather David）を制作した。このレザーダビデは後に，サンフランシスコのレザーサブカルチャーの最も著名なシンボルとなり，そのイメージはピン，ポスター，カレンダー，ブックマッチで使われ，世界中に広がった。

大工兼アーティストであるジム・スチュワート（Jim Stewart）は，サウスオブマーケットでの生活について次のように回想している。当時サウスオブマーケットの倉庫や老朽化した住宅には，売り出し中のアーティストが数多く住んでおり，そのほとんどは男性で，ゲイが多かった。スチュワート自身を含めたゲイのアーティストは，サウスオブマーケットの労働者階級の近隣地区としての雰囲気や，安い家賃，また，社交の場であるゲイバーが多いという地区の特徴に惹きつけられたのである（Stewart, 2011）。スチュワートは，月150ドルという格安の家賃で1930年代築の古いヴィクトリアンハウスの最上階を借り，オーナーが購入した建築材料を使い，荒廃したヴィクトリアンハウスを自ら修繕した。スチュワートが修繕したヴィクトリアンハウスは，現在もサウスオブマーケットに存在する。この2階建てのヴィクトリアンハウスは，今日では人気の高い物件となり，家賃は月4000ドルにも上っている。

　フォルサムストリート商店街とその周辺は，レザーサブカルチャーの中心として，1982年に最盛期を迎えた。しかし，その後急速に衰退した。その原因はエイズ感染の蔓延と都市更新事業の実施であった。1981年，アメリカでエイズ患者が発見されたことが公式に報道され，その後エイズ感染は拡大した。エイズ感染の蔓延は，フォルサムストリートとサウスオブマーケット全体に2つの大きな影響を及ぼした。ひとつは，サウスオブマーケットにおいて，他のゲイの近隣地区と同じように，多くの住民と商店主が死亡したことである。エイズ感染で死亡したサウスオブマーケットのレザーマンには，デザイナー・音楽家・写真家などのアーティスト，映画・演劇・音楽の制作者，職人，レザーバー・その他のレザーサブカルチャー関連のビジネスのオーナー，レザーマンのソーシャルクラブの創立者，政治家，活動家が含まれた。彼らはレザーマンのコミュニティのリーダーであったため，彼らの死亡によってレザーマンのコミュニティはリーダーを失ってしまったことになる。

　エイズ感染の蔓延が及ぼしたもうひとつの影響は，サウスオブマーケットのレザーマンのコミュニティの資金を枯渇させ，同地区に投下される投資が減少したということである。エイズ患者の治療費はあまりにも高額であったため，感染したビジネスオーナーの多くは治療を受けるためにビジネスを処分せざるを得なかった。また，連邦政府によるエイズ感染への対応が非常に

遅く，エイズの発生原因が長らく究明されなかったため，エイズに感染しなかったビジネスオーナーもパニックに陥り，レザーサブカルチャー関連ビジネスを売却し，資金を他の地区における他のビジネスに投資した（Rubin, 1997）。さらに，エイズに感染して死亡した企業家が所有していた店舗や不動産は，彼らの親族に相続された。多くの場合，彼らの親族は異性愛者であったため，相続された店舗と不動産は同性愛者のコミュニティとは無関係の企業や個人に売却された（Rubin, 1997）。実際，売却されたレザーサブカルチャー関連の店舗・ビジネスは，その後主に異性愛者向けのレストランやバー，ダンスクラブ，ミュージックホールなどに変わった（Rubin, 1997）。レザーサブカルチャー関連のビジネスの閉鎖によって，サウスオブマーケットには，レザーマンの顧客が訪れる商業施設と社交の場所がなくなった。また，ゲイの従業員たちも，失業して地区から離れざるを得なくなった。こうしてサウスオブマーケットにおけるレザーサブカルチャーは衰退の一途をたどった。

　エイズ感染の蔓延に加えて，都市更新事業の実施も，サウスオブマーケットにおけるレザーサブカルチャー衰退の要因のひとつであった（Rubin, 2000）。ダウンタウンとファイナンシャルディストリクトに隣接するサウスオブマーケットは，1950年代から都市再開発の脅威にさらされ続けた。1960年代後半に都市更新事業であるイエバブエナセンター事業が市議会に承認されたものの，住民と市当局の紛争によって1970年代後半まで本格的に実施されることはなかった。しかし，1978年に開発主義に傾いたダイアン・ファインスタインが市長に就任してから，イエバブエナセンター事業の実施ペースが急速に上がり，フォルサムストリートの様子は大きく変わった。1981年にモスコネコンベンションセンター[10]，94年に「イエバブエナガーデン」（Yerba Buena Gardens），95年にSFMOMA，98年に「こどもセンター」（Children's Center）が次々と建設された（Page & Turnbull, Inc., 2009）。再開発事業の実施において，従来の建物の多くは取り壊され，サウスオブマーケッ

10　モスコネコンベンションセンターは，1992年と2003年に増築された。1981年に建設された部分は現在「モスコネサウス」（Moscone South）と呼ばれ，増築された2つの部分はそれぞれ「モスコネノース」（Moscone North）と「モスコネウエスト」（Moscone West）と呼ばれている。

ト地区の東の部分はコンベンションセンターや美術館，大型の高級小売施設の集積となった。周辺の再開発に影響され，1980年代後半，フォルサムストリート商店街にかつて存在した多くのレザーバーは，異性愛者向けのバーや高級レストランに変わった。週末の夜には異性愛者の顧客が数多くフォルサムストリート商店街に集まるようになり，ミラクルマイルは衰退した。

3 レザーサブカルチャーの回復

　エイズ感染と都市更新事業の2つの痛手を受け，サウスオブマーケットのレザーサブカルチャーは一度衰退した。しかし，完全に消滅した訳ではなかった。1980年代，レザーサブカルチャーは細々と生き延び，1990年代に入ってエイズ感染がコントロールされた後に回復を遂げた。今日のミラクルマイルは，再び地元のレザーサブカルチャーの中心となり，レザーサブカルチャーの世界的なメッカとして，多くの観光客を惹きつけている。ミラクルマイルの再生をもたらす重要なきっかけとなったのは，1980年代からフォルサムストリート商店街で始まったフォルサムストリートフェアというイベントである。

フォルサムストリートフェア

　フォルサムストリートフェアは，1984年にゲイの活動家マイケル・ヴァレリオ（Michael Valerio）とレズビアンの活動家キャスリーン・コーネル（Kathleen Connell）の2人が考案し，サウスオブマーケットで開催し始めたイベントである。ヴァレリオとコーネルは1979年からTODCOで働きはじめ，ヴァレリオは低所得の高齢者向け住宅を開発する事業を，コーネルはコミュニティにおける食料品の配達と，コミュニティ・ビジネスを促進する事業を担当していた。彼らはTODCOの他，コミュニティ組織SOMA Alliance（South of Market Alliance）にも積極的に参加した。この組織は，SFRAと市議会が決めたサウスオブマーケット再開発計画に抗議するものであった。1984年，サンフランシスコ都市計画局は「ダウンタウンプラン」（Downtown Plan）を発表し，サウスオブマーケットにおいて高層ビルの建設を許可する意向を示した。ヴァレリオとコーネルは，この計画に反対する

ために，SFRAや市議会，都市計画委員会（San Francisco Planning Commission）などの公的機関の会議，さらにデベロッパーの会議にSOMA Allianceの代表として出席し，再開発を促進する側との交渉を繰り返した。

1980年代前半，エイズ感染がサンフランシスコで拡大し，サウスオブマーケットのレザーマンのコミュニティは衰退した。メンバーを団結させ，求心力を失ったコミュニティを再生させるために，ヴァレリオとコーネルはフォルサムストリートでイベントを開催しようと考えた[11]。ヴァレリオとコーネルはサンフランシスコ市内のコミュニティのイベントを研究した後，1983年に第1回フォルサムストリートフェアの計画を練り上げた。フォルサムストリートフェアの目的は4つあった。サウスオブマーケットの①中小企業をサポートし，②多様な住民やビジネスオーナーに交流の場を提供し，彼らを団結させ，③サウスオブマーケットが再開発を必要とする荒廃地区でなく，多様な文化・ライフスタイルの人が生活し，元気な近隣地区であることを市当局・SFRAに示し，さらに④エイズ感染者に病気と闘う勇気を持たせ，同性愛者とりわけレザーマンのコミュニティを再生させる，という目的であった。1984年9月，秋分の日に，第1回フォルサムストリートフェアがサウスオブマーケットの次のエリアで開催された。すなわち東西はセブンスストリート（7th St）からトゥエルブスストリート（12th St）まで，南北はハワードストリートからハリソンストリート（Harrison St）までのエリアである（図4-2）。ミラクルマイルと呼ばれるフォルサムストリート商店街はエリアの中央に位置した。ヴァレリオとコーネルは，第1回フォルサムストリートフェアのテーマを「メガ近隣地区」（Megahood）と定めた。レザーサブカルチャーを含めて，サウスオブマーケットの多様な文化を誇り高く市民に示し，市当局・SFRAによって30年間も貼られた荒廃地区というレッテルを返上しようとしたのである。

ヴァレリオとコーネルは，より多くの来場者を惹きつけるために，イベントを楽しくしなければならないと考えた。そのため彼らは，フォルサムスト

11　ヴァレリオとコーネルは，1970年代前半にハーヴェイ・ミルクが開催したイベント「カストロストリートフェア」（Castro Street Fair）からフォルサムストリートフェアのヒントを得た。ミルクは，カストロストリートフェアを通じて，ゲイの団結をはかり，ゲイのコミュニティの政治力を高めようとした。

リートフェアの重点を，来場者に楽しい経験を提供することにおいた。それを通じて，レザーマンのコミュニティを含めたサウスオブマーケットの多様な文化を理解してもらい，寄付を募る方針であった。来場者に楽しさを提供するために，イベントには大きなダンスステージや地元の職人（とりわけレザー職人）の作品と地元の起業家の製品を販売するブース，ビールと飲料水を販売するスタンド，さらにレザーサブカルチャーを実演するスペースが設けられた。ダンスステージでは，頭角を現し始めたDJやローカルバンドが演奏を披露した。こうしたフォルサムストリートフェアの基本構成は，今日まで受け継がれている。第1回フォルサムストリートフェアは，有料で委託した専門業者に加えて，ボランティア400人と，支援する非営利団体50団体によって実施された。来場者は3万人に上り，約2万ドルの利益を得ることができた。得られた利益は全額，エイズ患者の支援団体を含めた様々なチャリティ組織に寄付された。第1回フォルサムストリートフェアの成功によって，翌年からは，イベントを支援する非営利団体の数も，来場者数も倍増した。こうした状況は1980年代ずっと続き，1980年代末にフォルサムストリートフェアの来場者は15万人を超えた[12]。

　フォルサムストリートフェアは，市当局やSFRAがサウスオブマーケットで進めた都市再開発事業に反対し，家父長制社会で軽蔑され続けたレザーサブカルチャーを一般の人々に理解してもらうために始められた。したがって，1980年代，同イベントが公的機関からの支援を全く得られなかったことは言うまでもない。それだけではなく，フォルサムストリートフェアが世界中から多くの観光客を惹きつけ，イベントが開催された毎年9月終わりにサンフランシスコ市内のホテルがほとんど満室になったにもかかわらず，サンフランシスコ観光協会からも無視され続けた。同協会が発行したサンフランシスコの観光イベントカレンダーにさえ，フォルサムストリートフェアが掲載されることはなかった。しかし，公的機関や観光協会に無視されたにもかかわらず，フォルサムストリートフェアの集客力は，1990年代に入っても上昇し続け，また，チャリティ組織への寄付額も増加し続けた。公的機関

12　筆者のインタビュー調査（調査日：2014年7月1日）による。

図4-3 フォルサムストリートフェアの収入と支出（括弧は2013年の数字）

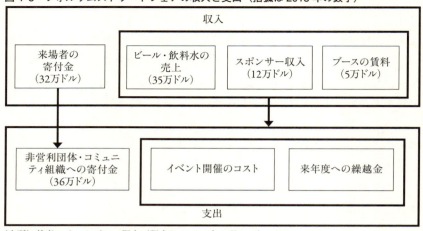

（出所）筆者のインタビュー調査（調査日：2014年7月1日）による。

の経済的支援がほとんどない状態で、これほど大規模なイベントを開催し続けることができたのは、運営組織である非営利団体「フォルサムストリートイベンツ」（Folsom Street Events）が、イベントの運営方法にイノベーションを起こしたからである。

1984年に開催された第1回フォルサムストリートフェアは、主にヴァレリオとコーネルの2人によって運営された。1986年にコーネルが転勤のためフォルサムストリートフェアの運営から退くと、ニューヨーク州で舞台マネジメントの仕事をしていたレズビアン、ジェーン・スタリンガー（Jayne Stalinger）がコーネルの後任となった。スタリンガーとヴァレリオは、フォルサムストリートフェアの運営組織として、非営利団体SCAN（South of Market Community Association）を設立した。1990年にSCANは、ヴァレリオが手がけたもうひとつのイベントUp Your Alleyを運営していた組織と合併し、非営利団体SMMILE（South of Market Merchants' and Individuals' Lifestyle Events）が設立された。しかし、1993年にヴァレリオはエイズ感染で死亡した。そのショックでスタリンガーもまたSMMILEを去った。その後、1995年に、ルイジアナ州からサンフランシスコに移住した元学校教師ポール・レスター（Paul Lester）が、ボランティアとしてSMMILEの会長に就

任した。レスターのリーダーシップの下で，フォルサムストリートフェアの安定した資金調達と効率的な運営方法が確立された。その資金調達と運営の手法は，現在のフォルサムストリートフェアに受け継がれているだけではなく，サンフランシスコ，さらには他国の非営利団体にも学ばれ，イベントの運営に導入されている。

2000年代後半，SMMILEは「フォルサムストリートイベンツ」へと名称を変更し，フォルサムストリートフェアの他，Up Your Alley, Bay of Pigs および Magnitude という4つのイベントの運営を行うようになった。現在フォルサムストリートイベンツには11名の理事がおり，その全員がボランティアである。2013年にフォルサムストリートイベンツの年間予算は140万ドル（1億6800万円）に達したにもかかわらず，雇用されているのは2名の常時スタッフと1名の臨時スタッフのみで，4つのイベントを効率的に運営している。

フォルサムストリートイベンツの資金調達と運営の手法は次の通りである。フォルサムストリートフェアには4つの収入源がある（図4-3）。最大の収入は，イベントの入り口で来場者に依頼する寄付金の収入であり，その全額が非営利団体・コミュニティ組織に寄付されることになっている。フォルサムストリートフェアでは，イベントの入り口に熟練のボランティアが配置される。彼らは，来場者に対して，寄付金が非営利団体・コミュニティ組織に寄付されることを説明する。その上で，1人当たり7ドル（840円）の寄付を依頼している。より多くの来場者から寄付金を募るために，フォルサムストリートイベンツは，寄付を行った来場者にステッカーを与え，このステッカーをつけた来場者は1日中すべてのビール・飲料水を1ドル安く買えるという制度をつくり出した。

フォルサムストリートフェアにおける2番目に大きな収入は，ビール・飲料水の販売収入である。フォルサムストリートイベンツは，イベントエリアに多くのビール・飲料水スタンドを設置し，ビールや飲料水のメーカーから商品を仕入れて販売している[13]。それぞれのビール・飲料水スタンドは，異

---

13 ビールの販売にあたって，フォルサムストリートイベンツは非営利組織として毎年1日限りの酒類販売許可を申請し，サンフランシスコ市から販売許可を得ている。

なる非営利団体やコミュニティ組織によって運営される。例えば「ゲイサッカーチーム」(Gay Soccer Team) というコミュニティ組織がボランティアを募ると，フォルサムストリートイベンツがビール・飲料水スタンドの運営方法についてそのボランティアを訓練する。イベント当日は，これらのボランティアがスタンドを運営するのである。粗利益（売上高からビール・飲料水の仕入れコストと器具のコストを引いた金額）のうち，25％はスタンドの運営者が，75％はフォルサムストリートイベンツが受け取る。また，得られたチップは運営者のものとなる[14]。このような仕組みによって，フォルサムストリートイベンツは人件費を節約することができ，それと同時に，非営利団体やコミュニティ組織は自らのチャリティ活動のための資金を調達することができるのである。

　フォルサムストリートフェアの3つ目の大きな収入はスポンサー収入である。スポンサー制度は，1995年にレスターによって導入された。レスターは，複数のバーを所有し，バーのオーナーと広いネットワークを持つ友人をフォルサムストリートイベンツの理事に招き，彼にスポンサー企業の開拓を任せた。フォルサムストリートフェアに多くの来場者があること，また，レザーバーがビールメーカーや飲料水メーカーにとって重要な顧客であることから，大手ビール会社バドワイザーはスポンサーになることにすぐに同意した。そのスポンサー契約は現在まで続いている。さらに，サウスオブマーケットの地元企業やゲイのメディア企業などもスポンサーとなり，2013年にスポンサー企業は28社に達した。

　フォルサムストリートフェアの4つ目の大きな収入は，ブースの賃料である。2013年，フォルサムストリートフェアには，100以上の出店ブースが設けられた。これらのブースは提供する商品・サービスによって4つのカテゴリーに分けられており，そのカテゴリーに応じた賃料をフォルサムストリートイベンツに支払っている。賃料が最も安いブースは非営利団体のブースであり，ひとつのブースの賃料は250ドルである。次に安いブースは，製品とりわけレザー関連商品を自らデザインし製造する企業のブースであ

14　実際，フォルサムストリートフェアではチップの収入が非常に高い（筆者のインタビュー調査による。調査日：2014年7月1日）。

り，賃料は400ドルである。3つ目は，自らは商品を製造せず，仕入れた商品を再販売するブースであり，賃料は500ドルである。賃料が最も高いブースは，政治キャンペンや政府機関のブースであり，600ドルの賃料を支払わなければならない。こうした賃料の設定によって，フォルサムストリートイベンツは，自らが支援したい非営利団体に対してのみならず，集客力があり，レザーサブカルチャーを宣伝するようなレザー関連製品のデザイン・製造企業と個人に対しても，出店のインセンティブを与えようとしている[15]。

一方，フォルサムストリートフェアのコストは主に3つある。最大のコストは，2つのダンスステージの設置にかかる費用と当日の運営料である。ダンスステージの質が集客に大きな影響を及ぼすと判断したフォルサムストリートイベンツは，ステージの設置を専門業者に委託し，また，質の高い音響設備をリースしている。イベント当日には，専門のステージマネージャーも雇われる。ダンスステージ関連のコストに加えて，イベントを実施するためには，市当局から様々な許可を得る必要があり，その手続きに費用が発生する。さらに，金額自体は大きくはないが，ボランティアの食事代はフォルサムストリートイベンツが負担することになっている。これらの費用は発生するものの，フォルサムストリートフェアの運営は主にボランティアによって行われるため，イベントの規模と比較して，その運営のコストは非常に低い。

2013年に開催された第30回フォルサムストリートフェアでは，1000人以上のボランティアが働いた[16]。このイベントは，ボランティアや少額の報酬で懸命に働く人々がいてはじめて実施可能なものである。こうしたボランティアには，開催当日数時間だけ働く人々から，フォルサムストリートイベンツの理事やディレクターのように，豊富な専門知識とネットワークを持ち，長期的にイベントにコミットする人々まで，幅広い人材が含まれている。彼ら，とりわけ長期的にイベントにコミットする人々のモチベーションはどこにあるのか。彼らは他に職がなかったり，他にできることがないからフォルサムストリートフェアのボランティアになったわけではない。実際，フォル

15　筆者のインタビュー調査（調査日：2014年7月1日）による。
16　筆者のインタビュー調査（調査日：2014年7月1日）による。

サムストリートイベンツの11人の理事全員は，自らの会社を経営しているか，フルタイムの仕事を持っている。フォルサムストリートフェアの発起者であるコーネルは，カリフォルニア大学バークレー校卒であったし，1990年代後半に5年以上会長を務めたレスターは，自らの会社を大きく発展させた。このように，ボランティアとしてイベントに長期間コミットした人々は，むしろ現在のアメリカ社会において稼げる能力を持つ人々であると言える。レスターが「フォルサムストリートイベンツの会長を2000年に辞めた後，自分の会社の仕事をする時間が増えたことで，収入がものすごく増加した」（筆者のインタビュー調査，調査日：2014年7月1日）と語ったように，多くのボランティアは，自らの時間と収入を犠牲にして，フォルサムストリートフェアをサポートしたのである。フォルサムストリートフェアの運営は，なぜ多くの優秀な人材を惹きつけたのであろうか。

　理由は2つある。ひとつは，市当局が企画し後押しするイベントとは異なり，フォルサムストリートフェアは，その企画と運営に参加者の知恵を必要とし，参加者に自らの能力や経験を生かし，また，新しい経験と能力を得る機会を提供しているからである。フォルサムストリートフェアの運営が優秀な人材を惹きつけたもうひとつの理由は，彼らがイベントの目的に真に賛同し，イベントの価値を認めたからである。これらの理由は，フォルサムストリートフェアのディレクターを9年間も務めたディミトリ・モショヤニス（Demetri Moshoyannis）が語った自らの経験にはっきりと示されている。

　　僕はこの仕事が本当に好きである。僕は大学を卒業した後，クリントン政権の下で設立されたコミュニティサービス事業アメリコー（AmeriCorps）に参加し，働いた。その経験から，僕は，非営利団体と一緒に仕事をする方法，例えば資金調達の仕方や，連邦政府からの補助金の運用方法などを学んだ。その後僕は自ら非営利団体を設立した。2005年にフォルサムストリートイベンツがディレクターを募集したときに，僕はすぐ応募した。なぜ応募したかというと，僕はレザーマンのコミュニティを知っていたし，かつ非営利団体の経営を経験したことがあり，僕の能力をこの仕事で生かすことができると思ったからである。それに加えて，僕

は大規模なイベントをマネジメントした経験がなかったため，そうした経験ができることに非常に大きな魅力を感じたからである。僕が9年間もこの仕事を続けたのは，面白いイベントをマネジメントすることが，金銭以外の価値を与えてくれて，僕の生活を幸せにしているからである。例えば，音楽の善し悪しはフォルサムストリートフェアの集客力に大きな影響を及ぼす。僕は音楽が大好きであり，毎年世界中で優秀なDJを探し，一所懸命彼らを説得して，ボランティアとしてイベントに参加してもらう。これらのDJミュージックが数十万人のイベント来場者を興奮させるのを見て，僕は本当に幸せを感じる。これは僕にとって金銭以上の価値がある。また，楽しいイベントを通じて，経済的に支援が必要な人の元に寄付金を届けるということが，この仕事の意味を僕に感じさせる。僕の同級生のほとんどは，僕よりはるかに高い収入を得ている。僕が大手企業で働いたら，収入は今より高くなるであろう。しかし，僕はそのような生活に幸せを感じないのである。僕は今の仕事がとても好きであり，自分の生活さえ維持することができれば続けたいと思う。

（筆者のインタビュー調査による。調査日：2014年7月1日）

多様な背景と才能を持ち，イベントにコミットする人々に企画され，運営されているフォルサムストリートフェアは，結果として，レザーサブカルチャーを表現する場，また，レザー関連商品を販売する場，さらにレザーサブカルチャーを含めた多様な価値・ライフスタイルを宣伝する非営利団体が活動する場となっている。こうして，フォルサムストリートフェアは，非常にユニークで，かつサウスオブマーケットの伝統や文化と深く関連するイベントとなった。2013年9月29日に開催された第30回フォルサムストリートフェアでは，来場者数が約40万人に達した。単日開催のイベントとしては，来場者数が全米で3番目に多く，レザーサブカルチャーのイベントとしては世界一の来場者数を誇る。このことは，イベントの高い集客力を物語っている。また，第30回フォルサムストリートフェアにおいて得られた収入から，様々な非営利団体・コミュニティ組織に合計36万ドル（4320万円）も寄付され，イベントの経済的な成功も示された。

フォルサムストリートフェアの成功は、レザーサブカルチャーを広く一般の人々に理解させ、ミラクルマイルの再生に大きく貢献しただけではなく、レザーマンのコミュニティと他の非営利団体、さらに市当局やサンフランシスコ観光協会などの団体とのパートナーシップの構築にも大きく寄与した。現在フォルサムストリートフェアは1000人以上のボランティアによって実施されている。これらのボランティアはすべて、イベントの収入から寄付金をもらう非営利団体・コミュニティ組織から派遣されている。イベントを通じて、非営利団体・コミュニティ組織は貴重な寄付金を得ることができ、また、これらの団体の協力によってフォルサムストリートイベンツはイベントの運営コストを大きく削減している。両者はウィンウィンの関係を築いていると言えよう。フォルサムストリートフェアの大きな集客力によって、非営利団体・コミュニティ組織だけではなく、市当局もイベントを支援する姿勢を見せるようになった。1990年代後半、フォルサムストリートイベンツが市当局による芸術支援補助金を申請したところ、少額ではあるが年間約2万ドル（240万円）の補助金を与えられるようになった[17]。また、2000年代後半、フォルサムストリートイベンツは、サンフランシスコ観光協会と交渉し、観光協会のウェブサイトにフォルサムストリートフェアの情報を載せることに成功した。

1990年代以降のサウスオブマーケットとミラクルマイル

レザーサブカルチャーの再生にともない、1990年代以降のサウスオブマーケットは、IT企業のオフィスとその従業員の住宅、彼ら向けの小売業、レザーマンの住宅と彼ら向けの商店街という構成に変化した。2000年に実施された国勢調査の結果によると、1990年代サンフランシスコ市の人口の増加率が7％であったのに対して、サウスオブマーケット地区の増加率は80％にも達した。1990年代以降サウスオブマーケットに移入した企業は、主にツイッター社のようなIT産業関連のベンチャー企業であった。1990年代後半、アメリカではIT技術が著しく発展した。IT産業関連のベンチャー企業は雨

17　筆者のインタビュー調査（調査日：2014年7月1日）による。

後の筍のように現れ，多くの IT 起業家は，シリコンバレーから近いサンフランシスコに会社を設立した。これらの起業家は，サウスオブマーケットに多く存在した家賃が安く，魅力いっぱいの「古い工業用建物」(industrial chic) に惹かれて，これらの建物にオフィスを構えた。また，彼らの企業と共に，勤める専門職の従業員もサウスオブマーケットに住み着いた。これによって，1990年代，サウスオブマーケットの家賃は急騰し，アパレル製造業および自動車修理業，家具の卸売業，照明製造業といった地区の伝統的な企業の多くは転出せざるを得なくなった。

さらに，1989年に発生したロマプリータ地震後の震災復興の一環として，サウスオブマーケットの東部にあった高架高速道路エンバカデロフリーウェイ（Embarcadero Freeway）が1990年代に入って撤去されたため，サンフランシスコ湾を一望でき，かつてリンカンヒルと呼ばれたこの地区は，魅力的な住宅地ともなった。1990年代から2000年代半ばにかけて，この地には4つの高級タワーマンションが建設された。シリコンバレーの企業に勤める専門職の従業員を含めて，ライフスタイルや性的指向が多様で，相対的に裕福な中産階級の住民が多くサウスオブマーケットに居を構えた。リンカンヒルは100年以上の時を経て，再びサンフランシスコの住宅街となった。

こうしてサウスオブマーケットは，ベンチャービジネスのオフィスと高級住宅からなる近隣地区に変化しつつあった。その一方，1990年代にエイズの感染がコントロールされて以降，レザーマンを含めたゲイのビジネスマンたちは，再びサウスオブマーケットに投資し始めた。クラブやレザーバーなど，レザーマン向けのビジネスが再開された。フォルサムストリートおよびハリソンストリート，フィフスストリート（5th St）とトゥウェルブスストリートの商店街には，レザーバーやレザー小物の小売店，レザーマンのクラブが集積している。また，毎年秋に開催されるフォルサムストリートフェアは，世界最大のレザーサブカルチャーのイベントとして，多くの市民と世界中からの観光客を惹きつけている。フォルサムストリートは，再びサンフランシスコのレザーサブカルチャーの中心，また，世界のレザーサブカルチャーの中心となった。

商店街を補完する形で，ゲイ向けの雑誌を刊行する出版社がサウスオブ

マーケットに立地するようになり，またゲイ向けのメディア会社数社もこの地区に設立された。さらに，レザーサブカルチャーの関連商品を販売するインターネット通信会社も数多くサウスオブマーケットで創業し，売上を急速に伸ばした（Rubin, 1997）。これらの企業は，商店街とともに，レザーサブカルチャーに興味がある顧客を惹きつけ，多くの従業員を雇用することで，サウスオブマーケットのレザーサブカルチャーを世に大きくアピールする一翼を担っている。

今日，高級化が進むサウスオブマーケットにおいて，レザーマンのコミュニティとそのビジネスが占める物理的な都市空間は1970年代と比較して少なくなった。フォルサムストリートには，レザーバーやレザーサブカルチャー関連のビジネスと，裕福な異性愛者の住民向けの小売店とが混在するようになっている。しかし，フォルサムストリートにおけるレザーマン向けの商店街の範囲が縮小したにもかかわらず，商店街がメディア企業や通信販売など新しい形態のビジネスと相互作用した結果，サウスオブマーケットは依然として，ゲイたちの都であるサンフランシスコにおけるレザーマンの都であり続けている。商店街の名はそのイベントによって1980年代以上に世界的に知られるようになり，ミラクルマイルは世界のレザーサブカルチャーのメッカとなった。

おわりに

本章は，かつて労働者階級の近隣地区として繁栄したサンフランシスコのサウスオブマーケットが，第二次世界大戦後，同市の産業変化と，公的機関が進めた都市再開発によって一度は衰退したものの，レザーサブカルチャーの世界的観光メッカに変化するまでのプロセスを明らかにした。サウスオブマーケットの変遷から，衰退した近隣地区が人気の高い観光スポットに変わるメカニズムについて，以下の3点の知見が得られた。

第1に，サウスオブマーケットがレザーサブカルチャーの世界的観光メッカになったのは，当該地域が，実際にレザーマンたちが生活する場だからであり，ミラクルマイルが地元のレザーマンがひいきにする商店街であるから

である。商店街のイベントは，地元のレザーマンコミュニティの文化を誇り高く宣伝する役割を担っている。こうした本物性こそが，観光客を持続的に惹きつける。

　第2に，観光振興にせよ，近隣地区の再活性化にせよ，それを実現するためには，地元住民や商人，活動家がイニシアチブをとり，地元参加型の協働計画を実施することが不可欠である。サウスオブマーケットの歴史に示されるように，公的機関は，その時代の支配的な思想や文化，ライフスタイルに従って意思決定する傾向がある。彼らは，マイノリティの思想・文化・ライフスタイルを十分に理解し，その価値を認識しているとは必ずしも言えない。しかし，ある時期において，支配的な文化やライフスタイルから「逸脱」していると考えられた思想・文化・ライフスタイルが，時間が経つにつれて，また，マイノリティグループの努力によって，一般の人々に理解され，結果的に文化ツーリズムの重要な資源となる例は少なくない。こうしたマイノリティの思想・文化・ライフスタイルを最も理解し，また，それを維持し発展させたい住民や企業家，活動家を政策の策定に参加させることが，観光振興と近隣地区の再活性化にとって非常に重要である。

　最後に，専門知識やソーシャルアビリティ，ネットワークを持ち，かつコミュニティの発展にコミットしたいボランティアや活動家の存在は，観光振興と近隣地区の再生に非常に重要な役割を果たす。このような優れた人材を惹きつけるためには，事業の目的が彼らにとって真に共感できるものである必要がある。また，事業の計画と実施のあり方は，彼らが自らの能力を発揮できるようなものであると同時に，仕事を通じて自らも成長できるようなものでなければならない。

第5章　ノースビーチ：ビート巡礼の聖地

> Democracy is not a spectator sport.
> 傍観しているだけでは民主主義は手に入らない。
> （シティライツブックストアの店内に貼ってあるポスターから）

はじめに

サンフランシスコ市のノースビーチ近隣地区は，同市の北東部に立地し，

図5-1　ノースビーチの位置

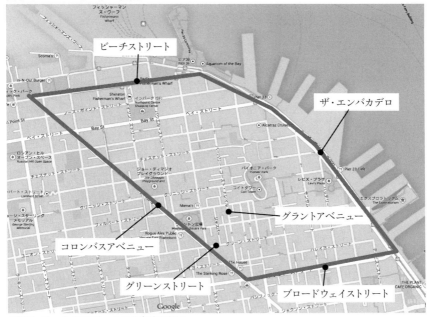

（出所）Google 地図データにより筆者作成。

東をザ・エンバカデロ（The Embarcadero）に，西をコロンバスアベニューに，南をブロードウェイストリートに，北をビーチストリート（Beach St）に囲まれるエリアである（図5-1）。地区には主要な道路が3本あり，コロンバスアベニューとグラントアベニュー，ブロードウェイストリートである（図5-1）。これらの道路沿いとその周辺の細い道沿いには，独立系の中小小売店とカフェ，レストランが密集している。

ノースビーチは，1950年代，ジャック・ケルアックやアレン・ギンズバーグなどビート作家の活動の中心であった。ビート作家とは，1950年代から60年代にかけて活躍した前衛的な作家グループである。彼らの作品は，当時のアメリカ社会と政治における抑圧的な現状をありのままに描き，若い世代のアメリカ人に，体制に反抗する精神を植え付けた（Charters, 1983）。半世紀以上たった今日も，ノースビーチには，相変わらず独立系の出版社と書店が点在し，また，ボヘミアンの雰囲気が漂うカフェやバーが集積している。アメリカの著名な伝記作家であり，ビート作家の伝記を多く出版したビル・モーガン（Bill Morgan）によると，ノースビーチには，アイオワ州デモイン（Des Moines）からインドのデリーに至るまで，様々な場所から観光客が訪れるという（Morgan, 2003）。ノースビーチは，まさにビート巡礼の聖地である。

ノースビーチ近隣地区は，もともと20世紀初頭にイタリア系移民が住み着いた地区である。1906年のサンフランシスコ大地震の後，地区の南側の境界であるブロードウェイストリート沿いに，娯楽施設やレストラン，バーが集積し，歓楽街が形成された。この歓楽街は，サンフランシスコの「ラテンクオーター」（Latin Quater）として知られ，繁盛した。このようなノースビーチが，1950年代，どのようにしてビート作家の活動の中心となるに至ったのか。また，その後，半世紀以上を経た今日，ビート巡礼の聖地として，どのように観光客を惹きつけ続けているのか。本章では，ノースビーチの変遷を説明することを通じて，これらの問題を明らかにする。

本章の構成は次の通りである。次の第1節では，1950年代ノースビーチにおいて，ビート作家のコミュニティが形成された過程およびビート作家たちの活動を説明する。第2節では，1950年代終盤から60年代はじめにかけ

て，ノースビーチのボヘミアンに関してマスメディアが行った報道と，それにともなう市当局による取り締まりについて述べる。第3節では，1960年代以降，シティライツ（City Lights Booksellers and Publishers）[1]に代表される独立系の中小出版社・書店の活動を説明し，体制に対して異を唱える運動が，現在もなおノースビーチで続けられていることを明らかにする。おわりには，ノースビーチがビート巡礼の聖地になった理由を述べ，本章をまとめる。

1 ビート作家の活動の中心：1950年代

　習俗を無視した生活を送る芸術家や作家，いわゆるボヘミアンがアメリカに出現したのは，19世紀前半のことである（Parry, 1960/2012）。アメリカのボヘミアンの歴史を描いた古典 *Garrets and Pretenders* において，著者アルベルト・パリー（Albert Parry）は，アメリカのボヘミアンの特徴について次のように述べている。彼らはいかなる形式の因習をも尊重せず，ルールや社会的習慣に縛られない。彼らは芸術を愛し，彼らがひいきにするバーは，芸術創造の場となった。さらに彼らは，金銭や財産に全く無関心であり，負債も抱えない。というのも，彼らに金を貸す人など一人もいないからである（Parry, 1960/2012）。一方，このようなボヘミアンたちを，アメリカ社会は当初容認しようとしなかった。例えば，1858年1月に *New York Times* 紙で発表された社説では，「ボヘミアンは社会にとって役に立つメンバーではない」という認識が述べられた上で，「ボヘミアンが増加し，独特な階層を形成することは，アメリカ社会にとって望ましいことでない」と結論づけられた（Parry, 1960/2012, p.57）。

　一方，サンフランシスコにおいてボヘミアンのコミュニティが形成され始めたのは1870年代のことである（Peters, 1998）。その後1920年代終盤になると，ノースビーチにおけるボヘミアンの数は大きく増加した（Rigney & Smith, 1961）。ノースビーチがボヘミアンを惹きつけたのは，安い家賃の物件と安いレストランに加えて，ボヘミアンたちが自由に生活できる雰囲気と

1　シティライツは，書店と出版社両方を持つ企業である。本章では，書店と出版社を区別するために，書店を「シティライツブックストア」と，出版社を「シティライツ」と表記する。

写真 5-1　ノースビーチの歓楽街（パシフィックアベニュー，1911 年）

（写真提供）San Francisco History Center, San Francisco Public Library.

空間があったからである。実際，ノースビーチのブロードウェイストリートとその南のパシフィックアベニュー（Pacific Ave）沿いは，20 世紀初頭からサンフランシスコの主要な歓楽街であり，バーやサロン，ナイトクラブなどが密集していた（写真 5-1）[2]。ゴールドラッシュによって急成長したサンフランシスコでは，東海岸の古くからある大都市と比べ，20 世紀初頭まで独身男性の人口比率が高かった。そのため，彼らの生活を支えるレストランやバー，カフェ，ナイトクラブなどの娯楽施設が都市文化の重要な一部を占めており，また，他人の道徳の世話を焼く道学者も少なく，娯楽施設やナイトライフに対してより寛容であった（Sides, 2009）。サンフランシスコのナイトライフの中心であったノースビーチには，ボヘミアンたちが求める自由な雰囲気がより一層溢れた。

　第二次世界大戦後，サンフランシスコ郊外に近代的な一戸建て住宅が急

---

[2] 1920 年代から 40 年代にかけて，サンフランシスコのゲイバーの多くもこのエリアに立地した。詳細については第 3 章と第 4 章を参照されたい。

ピッチで建設されたのとは対照的に，ノースビーチの木造ヴィクトリアンハウスは，老朽化してペンキがはがれ，暖房もなければ，照明も裸電球のままであった（Rigney & Smith, 1961）。そのため，ノースビーチに住んでいたイタリア系移民家族の多くは郊外に移転した。一方，古いヴィクトリアンハウスの家賃は非常に安く，また，作家やアーティストの集いの場となるレストランやカフェ，バーが地区内に多く存在したこともあって，ノースビーチにはさらに多くのボヘミアンが集まった。1950年代，ノースビーチのグラントアベニュー，グリーンストリート（Green St），コロンバスアベニューなどの道路沿いには，書店やアートギャラリー，カフェ，バー，レストランが集積し，これらの場所で詩の朗読会や公開討論会，ジャズ演奏会などのイベントが毎日のように開催されていた。

ノースビーチにおける文学・芸術の活動

　ノースビーチにおけるビート作家の活動を説明するには，まず，ローレンス・ファーリンゲティ（Lawrence Ferlinghetti）がシティライツブックストアを開店したことと，シティライツによる出版物について述べなければならない。なぜならば，シティライツブックストアは，1959年 Life 誌に「ビートの本部」（headquarters for Beatdom）と称されたほど（O'Neil, 1959），ビートムーブメントの中心であったからである。

　ファーリンゲティ[3]は，1919年にニューヨーク市で生まれ，1941年にノースカロライナ大学を卒業した後，太平洋戦争の勃発にともない，海軍に服役した。戦後，復員兵援護法（G. I. Bill of Rights）の機会を利用し，コロンビア大学（修士）とフランス・パリのソルボンヌ大学（博士）に学び，この間に詩と絵の創作を始めた。1950年の末にアメリカに帰国すると，生まれ育ったニューヨークではなく，サンフランシスコに居を構えた。というのも，パリのカフェで毎日友人とフランスパンをかじり，赤ワインを飲みながら文学や政治を議論する生活にすっかり馴染んだファーリンゲティは，カフェと赤ワイン，フランスパンのない生活にとても我慢できず，また，サンフランシ

---

[3] ファーリンゲティの経歴に関する記述は，主にファーリンゲティの伝記である Cherkovski (1979) による。

第5章　ノースビーチ：ビート巡礼の聖地　　*147*

写真 5-2　シティライツブックストア（1950 年代）

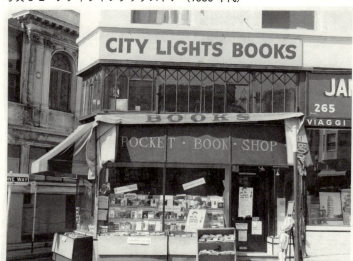

（写真提供）San Francisco History Center, San Francisco Public Library.

スコがアメリカのどの都市よりもパリに似ていると知人の経験談から感じていたからである。実際，1951年1月にオークランドからフェリーではじめてサンフランシスコの土を踏んだファーリンゲティは，サンフランシスコに関する印象について，「ここの住民は，自分たちのことをサンフランシスコ人として捉えており，サンフランシスコは必ずしもアメリカの一部ではないと考えているようである」(Ferlinghetti, 2001, p.25) と書きとめている。彼は，無政府主義と平和主義が流行したサンフランシスコをとても気に入った。とりわけ，お硬くて学究的な文学以外の作品が小さな出版社によって数多く出版されていたノースビーチの自由な雰囲気に強く惹かれた。

　1952年，ファーリンゲティは，同じニューヨーク市出身で，ノースビーチで『シティライツ』（*City Lights*）という雑誌を編集していたピーター・マーティン（Peter Martin）と出会った。マーティンは，ペーパーバック専門の書店をつくろうと考えていたが，共同出資者を見つけることができずにいた。というのも，当時のアメリカでは，ペーパーバックは，ドラッグスト

アや駅，ニューススタンド，食品スーパーで販売されるものであり，一般の書店はそのような安物を本物の書物として取り扱わなかったからである（Morgan, 2003）。ファーリンゲティは，パリの書店やセーヌ川沿いのブックスタンドでペーパーバックが良く売れていたことを覚えており，すぐさまマーティンの共同出資者となることに同意した。1953年6月，ノースビーチのコロンバスアベニューにおいて，ファーリンゲティとマーティンは，アメリカ初のペーパーバック専門書店であるシティライツブックス（City Lights Books：現シティライツブックストア）をオープンした（写真5-2）。ファーリンゲティの友人たちの予想に反して，同書店はたちまちサンフランシスコの作家や読書家が足しげく通う場所となり，夜12時の閉店時刻になってもなかなか店を閉められないほど繁盛した。1956年に，サンフランシスコ最大の地元紙である *San Francisco Chronicle* は，シティライツブックストアを「サンフランシスコの知識人の集いの場」（intellectual center of the city）と紹介した（Ferlinghetti, 2006, p. xii）。

　1955年，マーティンはニューヨークに帰ることを決めたため，彼が自ら持っていたシティライツブックストアの権利をファーリンゲティに売却した。単独所有者となったファーリンゲティは，シティライツの名の下で詩集を出版する，というかつてから持っていたアイディアを実行に移した。1955年8月に，彼は後に世界的に有名となったシティライツのポケット詩集シリーズ（Pocket Poets Series）の第1号を出版した。第1号として出版されたのは，ファーリンゲティ自身の詩集『すぎし世の絵』（*Pictures of the Gone World*）であった。この作品において，ファーリンゲティは，自らの政治哲学の成熟過程と文学の美学の発展，さらに画家としての経験について語った。この第1号に続き，シティライツは，後にジャック・ケルアックに「サンフランシスコの現代詩の父」（Kerouac, 1958/1976）と呼ばれた詩人ケネス・レクスロス（Kenneth Rexroth）が翻訳・編集した詩集（シリーズ第2号）と，詩人ケネス・パッチェン（Kenneth Patchen）の詩集（シリーズ第3号）を相次いで刊行した。出版業務に多くの時間をとられたファーリンゲティは，シアトル生まれの日系アメリカ人，シゲヨシ・ムラオ（Shigeyoshi Murao）に書店の運営を任せた[4]。

1950 年代，ノースビーチにおいて，シティライツブックストアのような革新的な書店に加えて，数多くのバーやカフェ，ギャラリーにもビート作家および読書家，ボヘミアン，学生などが集まった。これらの場所では，詩の朗読会や公開討論会，ジャズの演奏会が頻繁に行われ，多くの観客を引き寄せた。

　詩の朗読会はノースビーチで人気が高いイベントであった（写真 5-3）。とくに伝説となった朗読会のひとつは，1955 年 10 月 13 日に「シックスギャラリー」（Six Gallery）で開催されたものであった。シックスギャラリーは，1954 年に 6 名の無名アーティストがオープンした，50㎡程の小さなギャラリーである。1955 年秋，オーナーの 1 人が，詩人レクスロスに詩の朗読会の企画を依頼した。10 月 13 日の夜，ギンズバーグを含めた 5 人の詩人が自身の詩を朗読するというイベントが開催され，無政府主義者や大学教授，詩人，大工，活動家など 100 人以上の観客が小さなギャラリーに詰めかけた（Watson, 1995）。場を盛り上げるために，ケルアックは「ケチな」（Kerouac, 1958/1976）観客から 10 セントや 25 セントの小銭を集め，大量の安い赤ワインを買ってきて聴衆に振舞った。夜 11 時にギンズバーグが未発表の詩「吠える」（Howl）を読み始めると，大量の赤ワインを飲んだ観客とケルアックは歓呼し，興奮した。詩の朗読が終わると，ギンズバーグ自身の目にも，司会者のレクスロスの目にも，感動の涙があふれた（Hamalian, 1992; Watson, 1995）。この日の朗読会の様子は，ケルアックが 3 年後に出版した『禅ヒッピー』（*The Dharma Bums*）にも描かれ，ケルアックはこの朗読会を，サンフランシスコにおける詩のルネサンスの幕開けであるとコメントした（Kerouac, 1958/1976）。その日の夜，朗読会に参加したファーリンゲティは，早速ギンズバーグに電報を送り，「君の素晴らしいキャリアが始まったことを祝福します」という賛辞の言葉を述べた上で，「いつ『吠える』の原稿をもらえるだろうか」（Cherkovski, 1979; Ferlinghetti, 2006）と，シティライツ

4　ムラオは，太平洋戦争中，家族と共に日系人強制収容所に収容された。彼は，シティライツブックストアの創立初期からマネジャーとして働き，後にシティライツブックストアの共同所有者の 1 人となった（Ferlinghetti & Peters, 1980）。彼はシティライツブックストアの理念や経営方針の形成に大きな影響を及ぼし，その影響は今日もなお残っている（筆者のインタビュー調査による。調査日：2014 年 9 月 4 日）。

写真5-3　ノースビーチのコーヒーギャラリー（Coffee Gallery）で開催された詩の朗読会（1959年）

（注）詩を朗読している人物は，ファーリンゲティである。
（写真提供）San Francisco History Center, San Francisco Public Library.

がこの詩を出版したい旨を伝えた。

　詩の朗読会に加えて，毎週月曜日には，グラントアベニューにあった小さなバー「ザ・プレイス」（The Place）において，「しゃべり屋の夜」（Blabbermouth Nights）というイベントが開催された。これは，様々なテーマについて参加者が公開討論するイベントであった。討論のテーマはバーの後ろに設置された黒板に書かれ，だれでも自由に3分間までのスピーチを行うことができた。討論会の最後には，その日の最優秀弁者が選ばれ，優勝商品としてシャンパン1本が送られた。Rigney & Smith（1961）によると，このイベントでスピーチを行った人々が，指定されたテーマに触れるのは大抵最初だけで，すぐ自分の関心事に話を移してしまったという。このイベントの人気は非常に高く，月曜日の夜，定員38名の小さなバーに（Rigney & Smith, 1961），いつも80人ぐらいが押し寄せたという[5]。

　詩の朗読会や公開討論会のほか，「ザ・セラー」（The Cellar）というギャ

ラリーやザ・プレイスにおいて、ジャズの演奏会も頻繁に開かれた。このようなイベントは、商業施設だけでなく、個人のアパートや空き家でも多く開催された（Ferlinghetti & Peters, 1980）。

　これらの活動によって、敷居の高かった芸術・文学と大衆文化の間にあった壁が消滅した。詩は、街角やジャズクラブで聴くことができるものとなると同時に、謄写版印刷によって、だれもが安く買って読めるものとなった（Davidson, 1991）。ノースビーチで始まった詩の朗読会は、その後ニューヨークやシカゴ、ロサンゼルスにまでに広がった（Rigney & Smith, 1961）。ノースビーチのボヘミアンたちは、文学にイノベーションを起こしただけではなく、新しい社会規範も提示したのである（Davidson, 1991）。1950年代、ノースビーチは、ビート作家や他のボヘミアンコミュニティの中心となり、他の近隣地区および周辺都市から文学愛好者、とりわけ若者たちを数多く惹きつけた。例えば、サンフランシスコの近隣都市であるオークランドの郊外住宅街で生まれ育ち、後にカリフォルニア大学サンディエゴ校の文学教授となったマイケル・ダビッドソン（Michael Davidson）は、1950年代のノースビーチが、自分（当時10代後半）および自分の友達に与えた影響について次のように回想した。

　　ノースビーチで発生した文学ルネサンスは、私たちが住んでいた、オークランド郊外の中産階級の住宅街では絶対に生まれないものであった。(中略) 当時のノースビーチでは、私たちのような未成年者でも、ナイトクラブ（少なくとも食事を提供するナイトクラブ）に自由に出入りすることができ、ザ・セラーやザ・プレイスでジャズを聴き、コーヒーギャラリーでフォークミュージックを聴き、オーパスワン（Opus One：ナイトクラブ、筆者注）やザ・オールドスパゲッティファクトリー（The Old Spaghetti Factory：レストラン、筆者注）で室内楽を聴くことができた。そして、いうまでもなく、私たちは数多くのギャラリーやバーで詩の朗読を聴くことができた。私たちは、カフェトリエステ（Café Trieste）やシティライツ

5　"Life and Love among the Beatniks," *San Francisco Chronicle*, June 15, 1958, p.4, p.5.

ブックストア，またはダンテス・マイクスパーラー（Dante's / Mike's Billiard Parlor）といったビートの聖地に座り，自分たちが郊外の住民であり，全員同じような短い角刈りをしているという現実を忘れてしまった。誰かに教えられた訳ではないが，私たちは自分たちが自由な大人になったことを感じた。
(Davidson, 1991, pp. ix-x.)

全米に注目されたきっかけ：『吠える』に対する裁判

　1950年代半ば，ノースビーチでは独立系の出版社や書店，また作家や芸術家たちが様々な活動を行ったが，彼らの影響は主にサンフランシスコとその周辺のベイエリアに止まった。実際，ビート作家および彼らがノースビーチで行った文学活動が全米で注目されるようになったきっかけは，出版社のオーナーや作家たちが全く予想もしなかった出来事であった。その出来事とは，1957年，ギンズバーグの詩集『吠える』（Howl and Other Poems：ポケット詩集シリーズ第4号）を出版したシティライツのオーナーのファーリンゲティと，その本を販売したシティライツブックストアのマネジャーのムラオが，わいせつ文学を出版・販売したとの罪で逮捕されたことであった[6]。

　1956年11月，ファーリンゲティはシティライツでギンズバーグの詩集『吠える』を出版した。ファーリンゲティは，『吠える』の印刷をイギリスのVilliers社に依頼した。Villiers社は，中小出版社に安い価格で活字を組み，印刷サービスを提供した会社であった。『吠える』は小さなペーパーバック出版社から刊行された小さい詩集であり，また，初版は1000部しかなかったため，出版当初は世間一般から注目されることはなかった（Morgan, 2003）。しかし，1957年3月，サンフランシスコ税関長であったチェスター・マカフィー（Chester MacPhee）は，イギリスから通関しようとした『吠える』520部を押収した。押収の理由は，「表現と内容がわいせつであり，子供たちに読ませたくない」ということであった（Mellinkoff, 1957）。これに対して，アメリカ自由人権協会（American Civil Liberties Union, ACLU）は，『吠える』

6　この裁判の過程について，伝記作家ビル・モルガンとシティライツの共同所有者の1人であるナンシー・ピーターズ（Nancy Peters）は，裁判に関する新聞記事，法廷証言記録，判決などの史料をまとめ，2006年にシティライツで出版した（Morgan & Peters, 2006）。本項の説明は，Morgan & Peters（2006）を参考したものである。

はわいせつ出版物などではなく，不当な押収に対して提訴するつもりであるとマカフィーに通告した。5月19日，ファーリンゲティは，サンフランシスコ最大の地元紙である *San Francisco Chronicle* で，この事件について次のようなコメントを発表した。ファーリンゲティはまず，図らずも『吠える』を有名にしてくれたことについてマカフィーに感謝するとの皮肉を述べた上で，『吠える』が戦後アメリカで出版された最も重要な長編詩であると主張した。さらにファーリンゲティは，わいせつなのは『吠える』ではなく，詩人がこの詩において暴露した社会の現実である，という意見を発表した。5月29日，サンフランシスコ地方検事のロイド・バーク（Lloyd Burke）が『吠える』に対する調査を断ったため，マカフィーは押収した『吠える』をシティライツに返却した。

ところが，数日後の1957年6月，今度はサンフランシスコ市警青少年局が，わいせつ文学を出版・販売した容疑でファーリンゲティとムラオを逮捕した。裁判は1957年8月から10月までの間で行われた。サンフランシスコ地元紙だけでなく，*Life* 誌1957年9月9日号にも裁判に関する記事が掲載され[7]，全国的なニュースとなった。カリフォルニア大学英文学研究科長マーク・ショラー（Mark Schorer）教授を始め，カリフォルニア大学およびサンフランシスコ州立大学の教授，詩人，小説家，翻訳家，編集者など9人が，法廷において『吠える』を支持する証言を行った。サンフランシスコ州立大学のウォルター・ヴァン・ティバーグ・クラーク（Walter Van Tilburg Clark）教授は，「『吠える』は，非常に誠実で，才能ある詩人の作品であると思う。ギンズバーグ氏は，思ったことを素直に表現している。また，同氏がこの詩の目的を真剣に考えたであろうことを私は確信している」（法廷証言記録，Morgan & Peters（2006）収録）と証言した。10月3日，ファーリンゲティに無罪判決が下った[8]。クレイトン・ホーン（Clayton Horn）判事は判決において，「『吠える』の社会的価値が皆無であるとは思えない。（中略）作品に

---

7 "Big Day for Bards at Bay: San Francisco Muse Thrives in Face of Trial over Poems," *Life*, September 9, 1957, p. 105.
8 ムラオについて，8月22日にクレイトン・ホーン（Clayton Horn）判事は不起訴を決定した。その理由は，検察側が，ムラオが『吠える』を読んだことも証明できなければ，それをみだりに販売したことも証明できなかったからである。

少しでも社会的な価値があるならば，その作品はアメリカ憲法修正第一項と第十四項およびカリフォルニア州憲法に保護される。したがって，『吠える』はわいせつ出版物には当たらない」（判決, Morgan & Peters, 2006, 収録）と結論づけた。この裁判によって，ノースビーチおよびシティライツ，そして『吠える』は，アメリカ全土に知れ渡ることとなった。それだけでなく，この裁判は，アメリカの検閲制度にも大きな影響を及ぼした。というのも，この裁判が，何をもってわいせつ出版物とみなすかという問題について，ひとつの判断基準を示したからである。実際，この判例の後，アメリカで長い間出版が禁止されていたデーヴィッド・ハーバート・ロレンス（David Herbert Lawrence）の『チャタレイ夫人の恋人』や，ヘンリー・ミラー（Henry Miller）の『北回帰線』が，Grove Press によって出版された（Ferlinghetti & Peters, 1980）。

2 ノースビーチのボヘミアンに関する報道と警察の取り締まり

　1957 年夏の裁判でシティライツ側が勝訴したことで，『吠える』は予想を上回るベストセラーとなった。しかし，1958 年以降，マスメディアは「ビートジェネレーション」に加えて，「ビーツ」（Beats），「ヒップスター」（Hipster），「ビートニク」（Beatnik）などの言葉を使い，ノースビーチにおけるボヘミアンの私生活や品行ばかりに焦点を当てて，それを「暴く」記事を多く掲載するようになった（Rigney & Smith, 1961; Watson, 1995）。それにともない，サンフランシスコ市警は，ノースビーチのボヘミアンに対する取り締まりをさらに厳しいものにした。

マスメディアの報道

　1957 年夏に『吠える』の裁判がマスメディアに大いに報道され，また，同年，ビート作家ケルアックが出版した小説『オン・ザ・ロード』（*One the Road*）がベストセラーとなったことで，ノースビーチには大勢の観光客とジャーナリストが押し寄せた。ノースビーチのボヘミアンたちの私生活に関する報道は，サンフランシスコ主要な地元紙であった *San Francisco Examiner*

が，1958年5月4日から6日まで3日連続でビートジェネレーションに関する記事を連載したことから始まった[9]。担当記者であるジュネ・ミューラー（June Muller）は，この連載において，「ノースビーチはビートジェネレーションの本部」という見出しの下，ファーリンゲティをビートジェネレーションの「指導者」（high priest）と呼び，ビートジェネレーションの人々を，浅はかな非行者のように描いた。記事の冒頭でミューラーは，「ビートジェネレーションは，作家または詩人と自称するが，彼らは何も描いてはいない。彼らは，アルコール中毒者であり，マリファナ吸引者であり，セックス実験者（sexperiment）である」と決めつけた。また，ミューラーは，「ビジネスマンや『真の』ボヘミアンたちは，ビートジェネレーションのことを『時代のひとつの病気』，『青少年犯罪』，『完全な阿呆』とみなしている」と報じた。さらにミューラーは，大きな紙面を割いて，ビートジェネレーションの素行の悪さを報道した。例えば，ビートジェネレーションの人々は，朝4時にグラントアベニューで馬跳び遊びをする。また，彼らはノースビーチのアパートにおいて，全裸で追いかけっこをする。これらに加えて，ミューラーは，ビートジェネレーションによる犯罪まがいの行為を暴露した。例えば，ある人は閉所恐怖症であるにもかかわらず，ビートジェネレーションの人々によってクローゼットに閉じ込められた。クローゼットの中にいる被害者の悲鳴を聴きながら，ビートジェネレーションの人々は爆笑を続けたという。また，あるビートジェネレーションの人物は，とある集会に参加できなかったことに苛立ち，ひとつのブロックに駐車していた全ての車のタイヤを切り裂いたという。

　この記事の影響は直ちに現れた。記事には，ビートジェネレーションの人々の写真と共に，「みんなのベーグルショップ」（Co-Existence Bagel Shop）という彼らが集まるカフェの写真が掲載されていた。記事が出た直後，写真に写っていた1人の女子学生が退学処分にあった（Rigney & Smith, 1961）。また，ノースビーチエリアの巡回を担当する警察官が，記事が掲載された新聞

---

[9] 連載された3つの新聞記事は次の通りである。"'Beat Generation' Finds Mecca in S.F.," *San Francisco Examiner*, May 4, 1958, p. 1, p. 3. "Disillusioned Years Hit 'Beat Generation'," *San Francisco Examiner*, May 5, 1958, p. 1, p. 23. "'Beat Generation' Thrives on Talk," *San Francisco Examiner*, May 6, 1958, Sec. 1, p. 25.

を持って「みんなのベーグルショップ」に現れ，ビートジェネレーションが新聞を騒がせた以上，これから大変になるぞとオーナーを脅した（Rigney & Smith, 1961）。

　1カ月後の6月16日に，また別の事件が発生し，マスメディアをさらに騒がせた。ポール・スワンソン（Paul Swanson）という31歳の無職の男性が，エリック・ノード（Eric Nord）が自宅で開催したパーティに参加し，そこで偶然，屋上から転落して死亡したのである。ノードは，ノースビーチで人気を博したナイトクラブ「ハングリーアイ」（hungry i）の元経営者であった。一方スワンソンは，2年前にシカゴからサンフランシスコに移住しており，趣味としてサックスを演奏してはいたが，プロのミュージシャンではなかった。地元紙 *San Francisco Chronicle* は，「『ビート』パーティでゲストが転落死」（'Beat' Party Guest Falls To Death）といったタイトルで記事を掲載し[10]，死亡事故とビートジェネレーションとの間に関連があるかのような印象を読者に与えようとした。

　2日後の6月18日に，また事件が発生した。スワンソンのガールフレンドであったコニー・サブレット（Connie Sublette）が，彼の葬式に出席した後，ノースビーチから遠く離れたゴールデンゲートパークの近くで，ヘロイン常習者・アルコール中毒者の船員に絞殺されたのである。船員は彼女との性交渉を企てたが，彼女が反抗したため，殺害したという。翌日の *San Francisco Chronicle* 紙は「セックスを求めた船員が『ビートニック』ガールを殺害」（'Beatnik' Girl Slain by Seaman Looking for Love）というタイトルで，また *San Francisco Examiner* は「『ビート』ガールに拒絶されたと殺人犯が供述」（Killer Says 'Beat' Girl Spurned Him），「ノースビーチのヒップスター事件で死者が3人に」（To North Beach Hipsters, Death Comes in Threes）というタイトルで事件を大いに報道した。報道において，記者たちは，犯人よりむしろ被害者に焦点をあて，彼女がノースビーチのカフェやバーに通っていたことから，殺人事件をビートジェネレーションと関連づけようとした。実際，*San Francisco Examiner* 紙は，被害者のことを，「ノースビーチ・ビートジェ

10　" 'Beat' Party Guest Falls To Death," *San Francisco Chronicle*, June 16, 1958, p. 1, p. 2.

ネレーションのプレイガール」（play girl of the North Beach "Beat Generation" set）と呼んでいた[11]。

　サンフランシスコ地元紙に加えて，全国誌や映画なども，愚かな人間あるいは麻薬・アルコール中毒者としてビートジェネレーションを報じたり，描いたりした。例えば，1959年11月30日号の*Life*誌は，10頁にわたって,「ふらつく反抗者」（The Only Rebellion Around）という記事を掲載した[12]。記事において，担当記者のポール・オニール（Paul O'Neil）は，サンフランシスコのノースビーチが「ビートの都」（Capital of Beatdom）であり，シティライツブックストアが「ビートの本部」であると述べた。また，オニールはビートジェネレーションを「ビーツ」と呼び，その特徴を次のように描いた。ビーツは，現代アメリカ社会のあらゆる側面，すなわち，母親，父親，政治，結婚，貯蓄銀行，宗教，エレガントな文学，法律，高等教育，自動食器洗濯機，パッケージされたクラッカー，一戸建て，水爆など全てに対して反抗する。彼らは空論家，怠け者，孤独な変人であり，母を憎み，警察官を憎む。また，ビート作家はまともな文章を書くことができず，ビート画家には絵など描けない。さらに，記事においてオニールは，ギンズバーグについて，彼の母親が精神病院に長期間入院していたこと，また，ギンズバーグ自身も1949年に精神病院に8カ月入院したことにまで言及し，代表的なビート詩人でさえ正常な人間ではないという印象を読者に与えようとした。

　映画もまた，ビートジェネレーションを愚かな人間あるいは性犯罪者として描いた。例えば，1959年にメトロ・ゴールドウィン・メイヤー社（MGM）によってリリースされた映画"The Beat Generation"は，ビートニクであり，精神異常者かつ冷酷な犯罪者であるスタン・ヘス（Stan Hess）が，郊外住宅街の専業主婦を次々とレイプし，最後に逮捕されるまでのストーリーであった。この映画では，ビートニクの反抗的な態度や乱痴気騒ぎぶり，稚拙な詩をバーで朗読する様子が長々と描かれた。

11　"Killer Says 'Beat' Girl Spurned Him," *San Francisco Examiner*, June 19, 1958, p. 1, p.11.
12　O'Neil, P.（1959）The Only Rebellion Around: But the Shabby Beats Bungle the Job in Arguing, Sulking and Bad Poetry, *Life*, November 30, 1959, pp. 114-116, pp. 119-120, pp. 123-124, p. 126, pp. 129-130.

ビートジェネレーションの本当の姿：Rigney & Smith（1961）の研究

　マスメディアの報道は，ビートジェネレーションの人々が，乱痴気騒ぎを好み，堕落し，暴力を振るうといったイメージをつくり上げた。そして，当時のアメリカの一般大衆はそれを信じた（Rigney & Smith, 1961）。しかし，実際のところ，ノースビーチのビートジェネレーションはどのような人々であったのか。心理学者のフランシス・リグニー（Francis Rigney）とレミュエル・スミス（Lemuel Smith）は，1958年から59年にかけて，ノースビーチに居住していた51人のビートジェネレーションに対して，出身や受けた教育，ボヘミアンになった理由，政治的傾向，私生活などについて詳細な調査を行った。調査結果をまとめた著作 *The Real Bohemia* は，ビートジェネレーションの生活に関する研究の古典となっている。

　Rigney & Smith（1961）によると，調査対象となった51人の平均年齢は，男性27歳，女性24歳であり，彼らは頻繁に報道されたような家出した未成年者ではなかった。また，51人のうち，70％は大学・短大に入学した経験があり，8人は卒業し，3人は音楽の修士号を取得していた。ノースビーチのビートジェネレーションは，当時のアメリカの平均よりもはるかに高い水準の教育を受けた人々であることが明らかにされた。さらに，彼らビートジェネレーションは，美的なものと知的なものに対して広い興味を持ち，文学や芸術作品を創作することを通じて，他人とコミュニケーションをとろうとしていた。彼らは全員ミドルクラスの出身であり，アッパーミドルクラスの家庭に育った人も多かった。彼らがボヘミアンの道を選んだ主な理由は，ミドルクラスのライフスタイルを拒絶し，そこから離脱することによって，服従（conformity）しない姿勢を示したかったからであった（Rigney & Smith, 1961; Watson, 1995）。彼らにとっての服従とは，1950年代アメリカの価値観と偏見（例えば国家主義や大手企業に対する国の支持，常識や国民の連帯感に対する賛美）を，その根拠と真価を自ら判断することなく信奉する心理と行動のことであった（Rigney & Smith, 1961; Peters, 1998）。

　自由を求め，自分の生活の意味とアイデンティティを探求し，真実の愛を追求したボヘミアンたちは，当時どのような経済状況におかれていたのだろ

うか。Rigney & Smith（1961）によると，調査対象となった人の多くは，ノースビーチに住み，芸術または文学活動を職業として選んだことが原因で，生まれ育った家庭に絶縁されていた。その理由について，Rigney & Smith（1961）は，1950年代，ほとんどのアメリカの中産階級は，自分の子供が「成功する」ことを期待しており，わが子が浮浪者のようなボヘミアンになったことに大いに失望したからであると分析している。51名のビートジェネレーションたちの当時の経済状況を見ると，彼らのほとんどは作品が売れず，無一文であった。こうした調査結果に基づいて，Rigney & Smith（1961）は，ノースビーチのビートジェネレーションは，ボヘミアンにならなかったら，現状よりはるかに高い収入を手に入れ，より高い社会階層に入ったはずである，と結論づけた。

　経済的に困窮していたにもかかわらず，ノースビーチのビートジェネレーションはアルコール・薬物中毒者などではなかった。Rigney & Smith（1961）によると，調査されたノースビーチのビートジェネレーションのうち，アルコール・薬物中毒の人は極めて少なかったという。飲酒と薬物使用という点に関して，ビートジェネレーションとアメリカの一般社会との最も大きな違いは，ビートジェネレーションが中毒者を虐げないことである，と Rigney & Smith（1961）は指摘した。

　さらに Rigney & Smith（1961）は，ノースビーチのビートジェネレーションの私生活について，彼らはマスメディアに報じられたようなセックス実験者ではない，という調査結果を明らかにした。Rigney & Smith（1961）によれば，調査されたノースビーチのビートジェネレーションの中には同性愛者もいたが，異性愛のカップルも少なくなかった。たしかにノースビーチのビートジェネレーションには，法的な結婚の手続きをとるカップルが少なく，婚前交渉は全米平均より多かった。しかし，彼らの性生活と性に対する考え方を，1950年代アメリカ社会の基準と比較すると，全く過激なものではなかった。むしろ，ビートジェネレーションが，当時のアメリカ社会でタブーとされた異なる人種間の結婚，とりわけアフリカ系アメリカ人と白人の結婚を実践したことから，権力者から敵視され，それが迫害へとつながった，と Rigney & Smith（1961）は分析した。

調査結果に基づいて，Rigney & Smith（1961）は，ノースビーチのビートジェネレーションは変人などではなく，彼らには，一般の人々と同じように，欲求や希望，恐怖心，欠点があり，また，彼らは他の人と交流する必要性を感じている，と結論づけた．

ノースビーチのビートジェネレーションに対する取り締まり

　ビートジェネレーションは，出身や受けた教育，異性や同性との交際という面で，1950年代・60年代の一般的なアメリカ人とあまり変わらなかった．にもかかわらず，郊外の一戸建てに住み，新しい乗用車に乗り，大量生産された工業製品に囲まれるといった，国や大手企業，マスメディアが推奨するような「幸せな」ミドルクラスのライフスタイルを拒絶した．そのため，マスメディアの攻撃対象となっただけではなく，権力者からも迫害を受けた．実際，1960年共和党全国大会（1960 Republican Convention）において，アメリカ連邦捜査局（FBI）の初代長官ジョン・エドガー・フーヴァー（John Edgar Hoover）は，「アメリカの三大敵は，共産主義者と頭でっかちな知識人，ビートニクである」と国民に警告した（Peters, 1998）．ビートジェネレーションは権力者による取り締まりの対象であった．

　1958年5月に *San Francisco Examiner* 紙がビートジェネレーションに関する連載記事を掲載した後，サンフランシスコ市警はノースビーチのボヘミアンおよび彼らの集いの場であるカフェやバー，レストランに対する取り締まりを強めた．1959年11月30日号の *Life* 誌によると，「みんなのベーグルショップ」と「ザ・プレイス」の前には，パトロールカーや囚人護送車が毎日何時間も停車し，警察官が出入りするすべての人に対して厳しい尋問を行ったという[13]．心理学者リグニーとスミスは，当時ノースビーチを巡回した警察官にインタビューを試み，ビートジェネレーションに対する警察官の無知と嫌悪とを明らかにした．例えば，インタビューを受けたある警察官は，「私はボヘミアンとかビートニクのことをあまり知らない．私は日曜日に教会に行く．私は貴方たち（知識人，筆者注）のことを理解できない」と述べ

13　O'Neil（1959）．*Life* 誌は，ビートジェネレーションに対するサンフランシスコ市警の取り締まりを支持した．

た。また，別の警察官は，「私たちはビートニクを徹底的に鎮圧する」と述べた。こうした感情を持った警察官は，酒に酔い秩序を乱したなどという，些細かつあいまいな理由で，ノースビーチのビートジェネレーションを頻繁に逮捕しただけではなく，市民の人権をしばしば踏み躙った。

リグニーとスミスは調査過程において，警察官による人権を無視した行動を多く目撃し，それを著書にまとめた。例えば，ある日のノースビーチにおいて，5人の成人がビストロの前に立っておしゃべりをしていた。5人のうちの1人は，生後4カ月の赤ん坊を抱いた女性であった。通りかかった2人の警察官が，突如彼らに「立ち止まるな」と命じた。5人が「なぜですか」と尋ねると，警察官は彼らに，黙って従うように指示した。5人が「自分たちの行動が悪いことだとは思わない」とさらに主張を続けると，警察官は赤ん坊を抱いた女性を含めた5人全員を逮捕し，囚人護送車に載せて連行した。後に，この5人は不起訴処分とされた（Rigney & Smith, 1961）。この例は決して特殊なケースではなかった。実際，ノースビーチで逮捕された数多くの人々のうち，後に有罪判決を受けた者はほとんどいなかった（Rigney & Smith, 1961）。このことに示されるように，警察官はビートジェネレーションと思われる人々を恣意的に拘束し，迫害した。

警察による迫害は，ノースビーチの一般的なボヘミアンたちだけでなく，有名な詩人や作家にまで及んだ。その代表的な例として，1950年代終わりに，著名なビート詩人の1人であるボブ・カウフマン（Bob Kaufman）が，浮浪罪（vagrancy）や治安妨害（disturbing the peace）との容疑で繰り返し逮捕され，また，留置場で虐待を受けたことがあげられる[14]。1959年8月にカウフマンは，「みんなのベーグルショップ」の近くで逮捕された。逮捕の過程で，警察官がカウフマンの足の親指を踏んでけがをさせ，その後傷口は細菌に感染した。釈放された後，カウフマンは再逮捕され，3日間同じ留置場に勾留された。カウフマンの足の傷が悪化したにもかかわらず，留置場は彼に医療処置をほどこさなかった。痛みに耐えられなくなったカウフマンは，面会に来た妻にそのことを訴えた。彼の妻は看護婦になりすまして留置場に電話し，

---

14 カウフマンが留置場で受けた虐待に関する記述は，Rigney & Smith（1961）によるものである。

カウフマンにペニシリンを注射するよう命じた。ここまでしてようやく，カウフマンは近くの救急病院に運ばれ，注射を受けることができたのである。その後，カウフマンには無罪判決が下り，無事に釈放されたが，彼は足の親指の爪を手術で切開し，爪の下の膿を除去しなくてはならなかった。後にカウフマンは，自身の経験を「留置場」(Jail Poem) という詩に描いている。

　このように，1950年代半ばでボヘミアンが自由に生活できたはずのノースビーチは，マスメディアの報道やサンフランシスコ市当局の取り締まりによって，50年代末，見世物小屋と刑務所になりはてた (Rigney & Smith, 1961)。こうした中，ノースビーチからヘイトアシュベリー (Haight Ashbury) のようなサンフランシスコ内の他の近隣地区に移り住んだり，サンフランシスコから完全に離れる者や組織が少なくなかった。しかし，その一方で，ノースビーチにとどまり，「考える自由と権利」，「異論を唱える自由と権利」，「書く・読む自由と権利」を守るために闘い続けた個人と組織も存在する。その代表は，マスメディアに「ビートジェネレーションの指導者」と呼ばれたファーリンゲティと，「ビートの本部」と称された，ファーリンゲティが率いるシティライツである。こうした独立系の中小出版社・書店が体制に対して異を唱え続けたからこそ，約半世紀を経た今日も，ノースビーチは依然としてビート巡礼の聖地であり続けているのである。次の節では，1960年代以降のシティライツの活動について説明する。

3 シティライツの活動：1960年代以降

　シティライツは不思議な出版社・書店である。なぜならば，シティライツの経営方法が，アメリカの他の書店と大きく異なるにもかかわらず，大手書店チェーンが相次いで経営不振に陥り閉鎖する中，シティライツは成長し続けているからである。シティライツブックストアに入ると，他の書店の入り口近くに平積みされているようなベストセラーや，セレブの伝記といった類の作品が全く見当たらない。また，シティライツの出版リストを見ても，ベストセラー作家やセレブの作品は存在しない。これについて，*San Francisco Chronicle* 紙は，次のようにユーモラスに描いている。「シティライツブック

写真5-4　シティライツ（出版社・書店，2014年）

（注）2階の窓に貼られた紙に書かれているのは，左から「ドアを開け」，「本を開け」，「精神を開け」，「心を開け」，「軍備を撤廃せよ」，「左を向け」というメッセージである。
（出所）：筆者撮影。

ストアについて知るべき事実：ウルドゥー語（Urdu）[15]の本は1冊，カリスマダイエット専門家ドクターアトキンス（Dr. Atkins）の本は0冊」[16]。また，2003年 *New York Times* 紙の記者は，シティライツブックストアには，当時書店経営者が競って整備したコーヒーコーナーもなければ，ニューヨークタイムズ・ベストセラーのコーナーもないとして，驚きを隠さなかった[17]。設立されてからの約60年間，シティライツは，体制に対して異を唱える自由と権利を守ることを自らの使命とし（写真5-4），それに基づく経営方針を断じて変えようとはしなかった。にもかかわらず，ボーダーズグループといったアメリカの大手書店チェーンが倒産に追いこまれるような逆風の経営環境において，シティライツは2013年度，創業以来の最高売上高を記録した（出版社と書店の合計）。1960年代以降，シティライツはどのような活動を行い，また，厳しい市場競争の中をどのように生き残ったのか。この節では，これらの点について説明する。

15　パキスタン・インドの公用語の1つであり，主にイスラム教徒が用いる。
16　"And the Beats Go On," *San Francisco Chronicle*, June 21, 2000, p. A17, p. A18.
17　"Beat Mystique Endures at a San Francisco Landmark," *The New York Times*, September 25, 2003, p. B1, p. B7.

出版活動：シティライツ

　1957年に開かれた『吠える』に関する裁判によって、『吠える』が皮肉にもベストセラーとなったことで、シティライツはビートジェネレーションの本部として世間一般に認識されるようになった。ところが、ファーリンゲティは、シティライツの出版方針について、ビート作家専門の出版社になるのではなく、世界各地の反体制作家の作品を幅広く出版していくことに決めた[18]。実際、ビート作家の作品が全米で注目されていた1950年代から60年代にかけて、ファーリンゲティは、ベストセラービート作家であったケルアックの *Mexico City Blues* やウィリアム・バロウズ（William Burroughs）の『裸のランチ』（*Naked Lunch*）の出版を断り、その代わりに、ヨーロッパの詩人の詩集や、ビート作家以外のアメリカ作家の作品を約20冊出版した。ビート作家の作品のみに固執しなかった理由について、ファーリンゲティは後に *Los Angeles Times* 紙の取材に対して、「体制に対して異議を唱えるムーブメントは、ひとつの連続的なムーブメントであり、ビーツはその第1段階に過ぎない」と語っている[19]。ファーリンゲティが定めた出版方針と企業理念、すなわち世界各地に存在する反体制論者による、質の高い作品を幅広く出版することで、体制に対して異議を唱えるムーブメントをサポートするという方向性は、今日のシティライツにも受け継がれている[20]。

　1971年、詩人であり、アメリカ議会図書館で司書として働いていたナンシー・ピーターズ（Nancy Peters）が、シティライツの編集者を務めるようになった。彼女は1984年からシティライツの共同所有者の1人となり、また、2007年までシティライツブックストアの社長でもあった人物である。ピーターズはファーリンゲティの出版方針に強く賛同した。1970年代以降シティライツは、詩集に加えて、反体制の書物を幅広く出版した。例えば、1990年代のシティライツは、アメリカの政治学者・歴史家であるマイケル・パレンティ（Michael Parenti）の *Against Empire* を出版した。この本においてパ

18　"The Beat Goes On," *Los Angeles Times*, June 22, 1996, p. E1, p. E5 による。
19　"The Beat Goes On," *Los Angeles Times*, June 22, 1996, p. E1, p. E5.
20　筆者のインタビュー調査（調査日：2014年9月9日）による。

レンティは，アメリカの帝国主義政策の真相を暴き，それを痛烈に批判した（Parenti, 1995）。また，1990年代，詩人・翻訳家のジェームズ・ブルーク（James Brook）と編集者のクリス・カールソン（Chris Carlsson），ピーターズの3人が編集した書籍 *Reclaiming San Francisco* がシティライツによって出版された。この書籍では，小説家や詩人，編集者，大学教授，活動家，アーティスト，ビデオ製作者などの26人が，メインストリームの文学作品やノンフィクションでは語られなかったサンフランシスコの歴史を記述した（Brook *et al.*, 1998）。戦後，大手企業と不動産会社が強く推し進める形でサンフランシスコ市当局が実施した都市更新事業が，多くの市民・労働者を同市から追い出した歴史，また，同性愛者や人種的マイノリティが差別された歴史，さらに，労働者やマイノリティが反抗した歴史などが本の中で語られている。

　2000年代に入ると，シティライツは，中国系アメリカ人の建築家・歴史家フィリップ・チョイ（Philip Choy）による *San Francisco Chinatown* や，ジャーナリストのデビデ・バーサミアン（David Barsamian）および経済学者のリチャード・ウォルフ（Richard Wolff）による *Occupy the Economy*，教育学者のヘンリー・ギルクス（Henry Giroux）による *The Violence of Organized Forgetting* など，多様なバックグラウンドを持つ人々の書籍を出版した。*San Francisco Chinatown* の中でチョイは，サンフランシスコのチャイナタウンにおける建築物の特徴を解説し，それを通じて，中国系アメリカ人が差別された歴史を明らかにすると同時に，中国系アメリカ人が生きるために行ってきた数々の努力を説明した（Choy, 2012）。また，*Occupy the Economy* においてウォルフとバーサミアンは，今日のアメリカ社会でますます広がる格差の原因を探求し，問題を解決する方法について論した（Wolff & Barsamian, 2012）。さらに，*The Violence of Organized Forgetting* においてギルクスは，市民をスパイし，対外戦争を次々と起こし，大手企業に財政援助を行う一方で社会福祉事業をどんどん縮小する，といったアメリカ社会の現実を批判し，政府と大手企業が手を組んで世論をコントロールし，彼らがつくり出した制度に国民を服従させようとしている実態を明らかにした（Giroux, 2014）。

写真 5-5　シティライツブックストアにおけるシティライツの出版物のコーナー

（注）本棚の上に掲げられたポスターには，「傍観しているだけでは民主主義は手に入らない」と書かれている。
（出所）筆者撮影。

　このように，創立以来約 60 年間，シティライツは，体制に対して異を唱えるムーブメントをサポートするという企業理念を貫き，それを実現するために，多様なバックグランドを持つ多様な作家による異なるジャンルの作品を世に出し続けている。また，反体制運動をサポートするという立場を堅持するために，シティライツは，米国芸術財団の補助金（National Endowment for the Arts）を始め，政府機関の補助金を一切申請していない。それにもかかわらず，わずか 5 人のスタッフのみで運営されるシティライツは，現在毎年約 12 タイトルの本を出版している。2014 年までにシティライツが出版した本の総タイトル数は 200 を超えた（写真 5-5）。近年，シティライツが出版した書籍は電子書籍版としても配信されている。

第 5 章　ノースビーチ：ビート巡礼の聖地　　*167*

書店の経営：シティライツブックストア

　シティライツブックストアは，現在，地下1階と1階，2階の3フロアからなる書店である（写真5-4）。売り場面積は約200㎡であり，3万5000タイトルの本と雑誌を販売している[21]。書店の2階の一部は，出版社シティライツのオフィスとして使われている。1953年開業当初，シティライツブックストアは，現在の建物の1階と地下1階の一部でしかなかった。後に，地下室の一部を借りて獅子舞道具を保管していたチャイナタウンの団体が道具を別の場所に移したり，また，同じ建物に入っていた旅行代理店やアパートも転出したため，シティライツブックストアは徐々に建物全体をリースするようになった。さらに，1999年，シティライツブックストアはローンを組んで，書店が入っている1907年築の古い建物を約100万ドル（1億2000万円）で購入した。

　書店の売り場面積は創業当初より拡大したが，どのような本を揃えるかという点について，シティライツブックストアは創業当時の方針を貫いている。現在シティライツブックストアの小さな店内は，56のセクションに分かれている。その中には，「ヨーロッパ文学」や「女性学」といった，他の書店でもよく見かけるようなセクションもあれば，「政府の醜聞をあばく」（Muckraking）セクション，「階級闘争」（Class War：カール・マルクスに関連する本が多く置かれている），「環境保護主義政治」（Green Politics），「アナーキズム」（Anarchism），「奪われた大陸」（Stolen Continents：アメリカ入植者によるインディアンの征服に関する本が置かれている）など，一般の書店に見られないセクションも数多く設けられている。また，シティライツブックストアには，中小独立出版社の出版物のコーナーが設けられ，さらに，ラテンアメリカ，アジア，アフリカといった途上国の作家の作品も数多く置かれている。このような品揃えは，メインストリーム以外の作品や反体制の作品を幅広く揃えることにより，体制に対して異を唱える自由と権利をサポートする，というシティライツブックストアの企業理念をはっきりと反映して

21　筆者のインタビュー調査（調査日：2014年9月9日）による。

いる。

　シティライツブックストアには 15 名のスタッフがおり，彼らは全員，書店に揃える本の選定に携わっている。また，店内のセクション分けもスタッフたちによって行われ，調整されている。仕入れ担当の最高責任者であるポール・ヤマザキ（Paul Yamazaki）は，シティライツブックストアの品揃えの決定方法について次のように説明した。「シティライツブックストアのスタッフは，気に入った本を見つけると，すぐその編集者を探す。私たちのスタッフは，できる限り多くの編集者と会い，本に関する情報を入手する。このようにして，面白い本を仕入れるのである」（筆者のインタビュー調査，調査日：2014 年 9 月 4 日）。

　シティライツブックストアは，創業当初から一貫して，本を売るだけの場所ではなく，作家や読者，書店スタッフが集まってディスカッションを行う場所であり，また，反体制活動を行う場所でもあった。これらの活動は，創業から 60 年を経た今も続けられている。シティライツブックストアは現在，夏の 7 月と 8 月を除き，毎週 2 つのイベントを開催している。夜 7 時から 8 時半まで行われるこのイベントには，詩の朗読会と本の討論会とがあり，イベント担当のスタッフは，中小出版社の出版物や若い世代の作家による作品を取り上げることにとくに力を入れているという。イベントには，サンフランシスコの読書愛好家や作家を目指す学生，観光客などが多く訪れる。シティライツブックストアのスタッフも頻繁に議論に参加し，会場に入れない人々が階段に立って朗読や議論を聴く姿がよく見られる（写真 5-6）。本に関するイベントに加えて，シティライツブックストアは，反体制の抗議活動も続けている。例えば，1991 年 1 月 17 日にアメリカ空軍がペルシア湾に対する空爆を始めると，本来シティライツブックストアは年中無休であるにもかかわらず，攻撃に抗議するため，その日のうちに店を閉めた。

　シティライツブックストアは，本の選定方針やイベントの積極的な実施という点では，創業以来の伝統を守っている。一方，マーケティングの手法は，読者の情報収集手段の変化に応じて常に調整を続けている。これについて，マーケティング・PR ディレクターのステイシー・ルイス（Stacey Lewis）は次のように説明している。

写真 5-6　シティライツブックストアで開催されたブックディスカッション（2014年）

（出所）：筆者撮影。

　私は，顧客がどのようにシティライツを知るに至ったのかを常に調べている。私が18年前にシティライツブックストアのスタッフとなった頃，人々は雑誌や観光情報センターで情報を収集していた。だから当時のシティライツは雑誌に広告を掲載していた。現在，顧客はインターネットを使って情報を収集するようになっている。もっとも，インターネット上にはあまりにも多くのサイトが存在し，私たちがそのすべてで情報発信をすることなど勿論できない。そのため，私たちは，シティライツの顧客がどのようなサイトをよく閲覧するかをいつも調べている。私たちは現在，フェイスブックとツイッターを使って情報発信を行っている。また，顧客がウィキペディアをよく利用していることを知った私たちは，ウィキペディアに掲載されている，シティライツの出版物や関連する人物・組織に関する記述が正しいものであるかどうかを常にチェックし，アップデートされた状態に維持している。いま私たちは，広告にあまりお金をかけなくなった。その代わり，パブリシティに力を入れ，シティライツのストーリーができ

る限り多くのマスメディアで報道されるように努力している。

（筆者のインタビュー調査，調査日：2014 年 9 月 9 日）

　このように，今日のシティライツブックストアは，本の品揃えやイベント開催，抗議活動を通じて，体制に異を唱える自由と権利を守る，という企業理念を堅持すると同時に，ソーシャルネットワークやパブリシティを利用して，企業理念を広く発信しようとしている。そのため，シティライツブックストアがビートジェネレーションの歴史博物館化するようなことはなく，今もなお反体制運動の中心かつ知の中心であり続けている。ただ企業理念を貫くだけではなく，技術進歩や人々のコミュニケーション手法の変化に応じて，その理念の伝え方を変化させているからこそ，シティライツブックストアは今日も世界各地から多くの顧客を惹きつけているのである。現在のシティライツブックストアは，昼間，様々な言語を交わす観光客でいっぱいである。そして，夜 9 時を過ぎても，レジで 200 ドル（2 万 4000 円）以上の本を買うような地元客がしばしば現れる。このことは，シティライツの理念が人々にきちんと伝わっていること，また人々の賛同を得ていることを示している。

おわりに

　1988 年，サンフランシスコ市議会は「同市のストリートの名称を，同市と縁のある文学者たちの名前に変更する」というファーリンゲティおよびシティライツの提案を承認した。これによって，同市のいくつかのストリートは，ビート作家にちなんで，「ジャック・ケルアック」（Jack Kerouac：写真 5-7），「ボブ・カウフマン」（Bob Kaufman：写真 5-8）などの名称に変更された。また，1994 年にサンフランシスコ市は，「プライス・ロー」（Price Row）と呼ばれた路地を，「ファーリンゲティ通り」（Via Ferlinghetti：写真 5-9）に名称変更した。さらに，2001 年，サンフランシスコ市議会は，シティライツブックストアを同市のランドマークに指定した（City and County of San Francisco, 2001）。指定の理由は「サンフランシスコおよびアメリカの文学と文化の発展において重要な役割を果たし」，「アメリカ憲法修正第一項（宗

写真 5-7　ジャック・ケルアック・アレイ（2014 年）

（出所）筆者撮影。

写真 5-8　ボブ・カウフマン・アレイ（2014 年）

（出所）：筆者撮影。

写真5-9 ファーリンゲティ通り（2014年）

（出所）筆者撮影。

教活動・言論または出版の自由，集会・請願の権利）を擁護するために闘い」，「世界中の作家や芸術家たちの作品を出版し，彼らの声を人々に届けてきた」というものであった（Morgan, 2003, p.12：括弧は筆者による）。こうして約半世紀もの長きに渡り，ビート作家と彼らが始めたムーブメントを支持し続けた中小出版社・書店は，ようやくサンフランシスコ市当局から正当な評価を得たのである。

　今日，ノースビーチを訪れる観光客は，ビート作家の名前にちなんだ街をまわり，シティライツブックストアにおいてビート作家や新しい世代の反体制作家の本をめくることで，1950年代のビートムーブメントのノスタルジアを味わうこともできるし，反体制ムーブメントの新しい思想にふれることもできる。この意味で，ノースビーチはまさにビート巡礼の聖地である。しかし，本章で説明したノースビーチの歴史や，そこに住んだボヘミアンたちの歴史，そこに立地する中小出版社・書店の歴史から分かるように，ノース

ビーチがビート巡礼の聖地になったのは，サンフランシスコ市当局やマスメディアがビートムーブメントを支持・擁護したからではない。体制に対して異を唱えるビートジェネレーションが，当初マスメディアから攻撃され，権力者から迫害を受けたことは言うまでもない。ノースビーチがビート巡礼の聖地となったのは，たとえマスメディアに酷評され，警察に繰り返し逮捕されようとも，ビート作家たちが体制に異を唱える活動を続けたからであり，また，彼らをサポートする中小出版社・書店が，革新的な経営方法によって作家の声を世の人々に届け続けたからである。

本章では，今日のノースビーチが文化ツーリズムのメッカとなり得ているのは，同地区がビートジェネレーションの歴史博物館となることなく，反体制ムーブメントと知の中心であり続けているからである，ということが明らかにされた。ノースビーチでは，今日もなお，反体制ムーブメントにかかわる新しい作家が集まり，新しい出版社や書店の創業が続いている。これらの作家と出版社・書店は，新しい知識を創造し，新しい情報を発信し続ける。このようなノースビーチは，年配の世代のみならず，新しい世代の読者をも惹きつける。そして，これらの読者は，新しい知識と情報を求めて，繰り返しノースビーチを訪れるのである。

第6章 本物の場所と都市観光

> Today mass tourism is no longer common sense.
> マスツーリズムは，今や観光産業の常識ではない。
> （Poon, 1993, p.29）

はじめに

　サンフランシスコのマイノリティ近隣地区が観光客を引きつける理由は，これらの場所が「本物の場所」（authentic and genuine place）である，ということにある。カナダの地理学者エドワード・レルフ（Edward Relph）はその名著である『場所の現象学：没場所性を超えて』（*Place and Placelessness*）において，場所を本物の場所と，「没場所性」（placelessness）を帯びる場所に分け，それぞれについて次のように説明している。本物の場所とは，そこにかかわる人々が，場所に関する各種の意思決定を，国家権力・大手企業・大衆の価値観に任せず，自律性をもって行い，また，目標に向けて革新的な問題解決方法を案出してつくり上げる場所である。一方，没場所性とは「どの場所も外見ばかりか雰囲気まで同じようになってしまい，場所のアイデンティティが，どれも同じようなあたりさわりのない経験しか与えなくなってしまうほどまでに弱められてしまうこと」である（レルフ，1999，p.208：強調の圏点は筆者による）。都市空間の没場所性は，個性的な場所に対する破壊および，場所の持つ意味を無視して，規格化された景観（standardised landscapes）をつくり上げることによって生じる（Relph, 1976）。

　Relph（1976）が指摘したように，第二次世界大戦後，アメリカをはじめとする欧米の多くの国において，従来の個性的で多様性に富む場所は数多く破壊され，都市景観における没場所性が一般化した[1]。しかし，1970年代以

降，標準化された均質的な景観に囲まれて暮らしていた人々は，徐々にではあるが個性的で多様な場所の重要性を再認識し，その価値を評価するようになっている。こうした場所に関する人々の考え方の変化は，彼らの日常生活と観光活動に重要な影響を及ぼしている。日常生活においては，都市部に残された数少ない伝統的近隣地区に対する需要が高まりつつある。一方，観光活動においては，観光名所だけではなく，個性的な近隣地区を歩き回る都市観光客が増加し続けている。サンフランシスコのマイノリティ近隣地区が重要な観光資源になった背景には，こうした場所に関する人々の考え方の変化がある。

本章では，サンフランシスコのマイノリティ近隣地区に関する研究の結果に基づき，場所の本物性と都市観光の関係を検討する。本章の構成は次の通りである。第1節では，戦後一般化した都市景観における没場所性について，その現象が最も顕著に現れたアメリカを中心に説明する。第2節では，都市を訪問する観光客の変化を説明し，個性的で多様な近隣地区が重要な都市観光資源になっていることを明らかにする。第3節では，1980年代以降，先進国の都市で広く見られる観光振興政策の問題点を指摘し，本物の場所づくりの重要性を明らかにする。おわりにでは，本章の議論をまとめる。

1 第二次世界大戦後の都市再開発と本物の場所の喪失

個性的場所の破壊と没場所性の一般化

アメリカの都市景観における没場所性という現象は，第二次世界大戦後初めて生じたものではない[2]。しかし，1990年代の時点で，アメリカにおける建築物の約80％が1940年代以降に建てられたものである（Kunstler, 1994）ことに示されるように，アメリカの都市の景観が大きく変化したのは第二次

---

[1] 本江（2006）は，没場所性は欧米に特有の現象などではなく，日本においても普通に見られると指摘した。
[2] アメリカでは，1920年代半ば，都市内高速道路の建設がすでに始まった（Kay, 1997）。また，ロサンゼルスでは，1930年代から，郊外における住宅開発が活発化し，都市周辺の広大な農地は均質的な郊外住宅地に変わり始めた（Fishman, 1987）。

世界大戦以降のことである。戦後，アメリカをはじめとする欧米の多くの国々において，都市開発における支配的な方法は，「合理的モデル」（rational model）であった（Innes & Booher, 2010, p.18）。すなわち，選挙で選ばれた役人が開発の目標を設定し，専門家（計画担当者と開発者）が選択肢を考案して評価し，そうした情報に基づいて公的意思決定機関が決定し，官僚が決定を実行する，という方法であった。計画担当者は，自分たちは「科学の倫理を信ずる合理的な人間として，望ましい方向に向けて行動することに関心があるべきであり，自由とか個人の欲求や民意といった神秘的な観念に惑わされるべきではない」という理念を固く信じていた（Chomsky, 2002, p.58）。そのため，場所づくりにおける計画担当者の関心は，個人や地域社会の生活と価値観ではなく，効率的に住居や輸送手段，娯楽施設を提供するといった，彼らが考える「公共の利益」に向けられていた（Relph, 1976; Kunstler, 1994）。一方，民間開発業者の関心事は，もっぱら企業の利益であった（Blake, 1964）。エンジニアリング会社は，自らが開発したゾーニングパッケージを，数十年間にわたって地方自治体に売り続けた（Kunstler, 1994）。そして，地方自治体の官僚は，自分たちの都市の物理的な特徴や市民の生活・文化を考慮せずに，民間の開発業者と共に，その時の最新技術を駆使して，都市の再開発と周辺地区の開発を推し進めた。これらの官僚と民間開発業者にとって，場所は均質的なものであり，互換性のある置き換え可能なものに過ぎなかった。場所の特殊性など重要視すべきものではなかったのである（Morrill, 1970; Abler *et al*., 1971）。

　その結果，アメリカの多くの都市では，住民やコミュニティにとって意味のある場所が次々と破壊された。その一方で，没個性的で，味気ない都市が生み出され，没場所性が一般化した（Blake, 1964; Zube, 1970; Kurtz, 1973; Hayden, 2004; 鈴木, 2012）。都市間および大都市の中を均質な高速道路が走り，高速道路沿いに立ち並ぶけばけばしい看板が，いやでも運転者の目に入る。都心部は，その時の最新技術で造られた同じ様式の高層オフィスビルとホテルに埋め尽くされ，高速道路の建設にともない開発された広大な郊外には，大量生産された安い住宅が数キロも続く。高速道路のインターチェンジ付近には，巨大な駐車場に囲まれた小売・ファストフードチェーンをテナ

ントとするショッピングモールや，同じ外観の建物が立ち並ぶオフィスパークが広がる。ショッピングモールでは，大量生産された商品が陳列棚を埋めつくし，郊外の均質的な住宅は大量生産された家電製品や加工食品に満ちている。

このように，戦後アメリカの多くの都市では，長い年月をかけて形成された個性的な都市住宅地が，資本と技術によって効率的に造られた均質的な郊外住宅地によって代替された。また，多様な中小独立店舗からなるメインストリートの商店街は，小売・ファストフードチェーンからなる郊外型のショッピングモールに取って代わられた。郊外の住宅地は，収入と人種によって明確に区分された。ショッピングモールは住宅地から離れ，学校もまた住宅地と商業地から離れ，仕事場はさらにこれらのすべての場所から離れるように，街は「科学的に」配置された。街は，車と道路によってつなげられた単一機能ブロックの集合体となった。歩くことの楽しみやストリートの文化は，遠い昔のこととして忘れ去られた。そもそも郊外の道路には歩道がないことが多く[3]，たとえあっても歩行者にとってひどく危険で不快な環境であるため，歩く人などほとんどいない（Kunstler, 1994）[4]。大量生産された車，均質的な高速道路，区別がつかない郊外住宅，ショッピングモール，ガソリンスタンド，モーテルがアメリカの景観の代表となり，このような景観に囲まれる生活は，アメリカ的生活そのものとなった。

ジェームズ・クンストラー（James Kunstler）は，その著書 *The Geography of Nowhere* において，幼少期に経験した2つ対照的な場所，すなわちニューヨーク市から東に32km離れた郊外住宅地ノースウッド（Northwood）と，ニューイングランドの伝統的な町レバノン（Town of Lebanon）の違いについて次のように描写した（Kunstler, 1994）。

3　郊外に歩道が少ない理由としては，郊外の分譲地の一区画の面積が非常に広いため，歩道を設けるコストが高いことがあげられる（Kunstler, 1994）。このコストは住宅の小売価格に転嫁されるため，不動産業者が歩道を設ける際には，住宅の小売価格を値上げするか，または住宅の設備をより質素にしなければならない。いずれも不動産業者にとって好ましいことではなかった。

4　実際，18歳から65歳までの成人が郊外の道路沿いを歩いただけで，直ちに危険人物として疑われる地域もあった（Kunstler, 1994）。

（1950年代の）ノースウッドには，ほぼ同じようなボックス状の2階建て住宅が，異なる色のアスファルトの地面に広がっていた。（中略）家の前の芝生には，鉄の馬車ランプが設置されていた。それは古き良き時代の郵便物が運ばれる道路を思わせるための演出であろう。（中略）家の中には，3つの広々としたベッドルームに加えて，お湯がたっぷり出るバスルーム，さらに電気製品でいっぱいのキッチンがあった。住宅全体にカーペットが敷き詰められ，リビングには暖炉があった。

（中略）夏休みのキャンプを過ごしたレバノンというニューイングランドの小さな町は，ノースウッドとはまったく異なる場所であった。町には中心があり，その広さは2エーカー（8094㎡）ほどであった。町の中心には，半月状の反響構造を持つ野外音楽堂に加えて，図書館，タウンホール，オペラハウスなどいくつかの公共施設があり，いずれも人間にとって快い規模の建物であった。町の中心の西側には，道路の狭い商店街があり，ここで私は，釣り用の餌から最新号のバスケットボール雑誌に至るまで様々な物を買っていた。

（中略）ノースウッドで成長した子供たちにとって，ノースウッドには遊べる場所などなく，また，自転車や徒歩で行ける面白いところもなかった。なぜならば，同じような住宅が何キロも続き，広大な住宅地と住宅地の間にまた同じようなつまらないショッピングモールがあり，こうした風景が無限であるかのように広がっていたからである。皆で遊びに行けるような公共施設がなかったため，私たち十代の若者は，いつも誰かの家のベッドルームや地下室に集まり，マリファナを吸ったり，ラジオの人気ロックンロールバンドのまねをしたりしていた。それ以外は，運転免許をもらう瞬間をひたすら待つことだけが，私たち十代の生活であった。

（Kunstler, 1994, pp.11-14：括弧は筆者による）

没場所性を普及させるシステムとメディア

　戦後，没場所性を特徴とする景観が大量に造成されただけではなく，それらは公的機関の権力や大手企業のマーケティング，マスメディアによって，長い間多くの人々に受け入れられていた。アメリカでは，サンフランシスコ

やニューヨークのような個別都市を除き，高速道路の建設や都市更新事業に対する全国的な反対運動は，1970年代まであまり見られなかった。公的機関は，高速道路の建設や都市更新事業を「公共の利益」と結びつけ，個性的で多様な都市近隣地区を破壊することを正当化した。サンフランシスコの事例に示されるように，マイノリティ近隣地区の破壊を推進する際，サンフランシスコ市当局は必ずと言ってよいほど，近隣地区に「荒廃地区」というレッテルを貼り，破壊行為を正当化しようとしたのである。

　公的機関に加えて，1950年代から70年代にかけて，映画やテレビ番組，雑誌といったマスメディアも，標準化と画一化を特徴とする空間と生活を，近代化，豊さ，安全，快適，気楽な生活の象徴として賞賛した。その一方で，個性的な都市部近隣地区を貧困と犯罪の温床として軽蔑した。例えば，1955年4月11日，ニューヨーク市の主要なタブロイド紙である *Daily News* 紙は，社説の中で，1911年に造られた新古典主義の素晴らしい建築物であるニューヨーク公共図書館（New York Public Library）の屋根の上に，超高層ビルを建てることを提案し，こうすることでニューヨーク市は巨額のオフィスレンタル料を得ることができると主張した（Blake, 1964）。この社説は，マスメディアが，場所と建築物が持つ意味を完全に無視していたことを端的に示している。新聞だけではなく，テレビ番組もまた，父親が運転するクライスラーの新車デソートに母親と子供たちが乗り，一家が高速道路でのドライブを楽しみながら，郊外の新しいモデルハウスを見に行くというシーンを，豊かさと幸せの象徴として視聴者に印象付けようとした（Kunstler, 1994）。一方，1970年代に制作されたハリウッド・アクション映画の代表的な作品のひとつであり，サンフランシスコを舞台とした映画「ダーティ・ハリー」（*Dirty Harry*）シリーズは，都市の公共交通（バス）や近隣地区を凶悪犯罪の温床として，また，ゲイのような性的マイノリティを道徳心のない冷酷な連続殺人犯として描いた。没場所性の都心は近代化の象徴であり，同じような景観の広がる郊外は善と美の象徴であるのとは対照的に，個性的な都市近隣地区は悪と醜の象徴であるといった偏ったイメージを，マスメディアは一般の市民に伝えていた。

　さらに，大手企業のマーケティング活動が消費者の選好に影響を及ぼした

こともまた，受動的・画一的な欲求を生み出すことに大きく寄与した。こうして，公的機関とマスメディア，大手企業が一体となって国民および消費者に働きかけた結果，没場所性を特徴とする景観が広く一般に受け入れられたのである（Blake, 1964; Relph, 1976）。

　しかし，1970年代に入ると，アメリカにおいて，没場所性の景観に対する疑問と批判が高まり，個性的で多様な場所の価値を認める動きが広がり始めた。国民の態度が大きく変わった要因としては，石油危機や地球温暖化に代表される環境破壊の問題や，無制限の郊外開発がもたらした地方自治体の財政難といった環境要因の他，没場所性の景観の問題を身を以て知っていた郊外の住宅地で育った若い世代のアメリカ人が，国家権力・マスメディア・大手企業に押し付けられた「良い場所」と「悪い場所」の考え方を否定したことがあげられる。例えば，ニューヨーク郊外の中産階級向けの住宅地ノースウッドで十代の単調な生活を経験したクンストラーは，大学時代を過ごしたニューヨーク州ブロックポート（Brockport）を「本物の町」（a real town）として，次のように高く評価した。

　　1966年，私はニューヨーク州立大学に進学するために，人口が5000人（当時）のブロックポートに移り住んだ。（中略）私はこの町をとても気に入った。当時のアメリカでは小さい町がどんどん消滅していたが，ブロックポートは活気にあふれていた。ブロックポートのメインストリートには，様々な専門店と飲食店が密集していた。（中略）町の中心には，古いシングルスクリーンの映画館があった。その外観はアールデコ様式であり，上映中の映画名が掲げられた看板の縁はネオン灯で飾られていた。（中略）大学生の多くは，ノースウッドのような単調な郊外から来た若者であり，私たちはみなブロックポートのような本物の町に魅了された。町のすべての建物は，人間が心地よくいられるスケールに合わせてつくられており，車が走れるスケールには合わせられていなかった。ブロックポートは様々なものが混在したコミュニティであり，多様性に富んでいた。

　　　　　　　　　　　　　（Kunstler, 1994, p.14：括弧は筆者による）

郊外で成長した若い世代の人々が本物の場所の価値を認識し始めたという事実は，住宅市場と都市の観光産業に大きな影響を及ぼした。1970年代後半以降，サンフランシスコやボストン，ワシントンD.C.などの大都市において，都市部の伝統的な近隣地区の不動産価格が上昇し続けている。近隣地区の人気が高まったのは，住宅街に様々な時期に建てられた多様なスタイルの建物があり，また，ストリートがとても魅力的であるからである。例えば，ワシントンD.C.において人気の高いジョージタウン近隣地区のストリート[5]は，戦後，交通エンジニアによってデザインされたものでもなければ，車が時速80kmで走れるものでもない。ストリートの一部には，古い玉石がまだ残っており，車は自然にスピードを落とし，その結果歩行者は気持ちよく歩くことができる。また，歩道の一部にはレンガで模様が施されており，歩道を一層面白いものにしている。ジョージタウンの住民は，アイスクリームや鎮痛剤を買うために車を出す必要がない。彼らは歩いて店に行き，ストリートで様々な人と出会い，個性的なカフェやバーに入って一杯飲んだり，音楽を聴いたり，人とおしゃべりすることができる。このような本物の場所における生活は，「平日の午後，家の前の芝生に3時間立っても，歩行者が1人も見あたらない」(Kunstler, 1994, p.119) ような，大量生産された均質的な郊外住宅地における生活とは，全く異なるものであろう。

　本物の場所の価値に対する再認識は，人々の居住地選択だけではなく，彼らの観光活動にも重要な影響を及ぼした。1980年代以降，アメリカの数少ない都市においてかろうじて保存されてきた個性的な近隣地区は，これらの都市が他の都市と差別化する際のポイントとなり，重要な都市観光資源となった。次の第2節では，都市観光客の活動に見られる変化を説明する。

2 ニューツーリストの成長と都市観光産業の変化

　Rasmussen (1964) は，1950年代にローマのサンタ・マリア・マジョレ教会を訪れた団体ツアー客について，次のように記している。「パッケージ

---

[5] ジョージタウン近隣地区におけるストリートの特徴に関する説明は，Kunstler (1994) による。

ツアーに参加してこの教会を訪れた観光客の多くは，教会の周りの環境にほとんど目を向けない。彼らは単にガイドブックの星の数を確かめ，次の観光名所へと急ぐのだ」(Rasmussen, 1964, p.16)。また，Sandford & Law（1967）は，イギリスからスペインにパッケージツアーでやってきた観光客の行動特徴を次のように描いている。彼らは互いのスナップ写真を撮り，お土産店に立ち寄って闘牛士とその名前が印刷された葉書やマホガニー色の孫の手などのお土産を選んだ。スペイン料理がまずいとホテルのマネジャーに文句を言い，そして事前に旅行会社のパンフレットによってしっかり印象付けられた地中海のビーチを，何の感動もなく見ていた（Sandford & Law, 1967）。また，ツアー客のうちの1人のイギリス人女性は，自分のスペイン旅行について次のように語ったという。「私は，来られなかった人たちのためにたくさんのお土産をかかえて家に帰る。それがただ公平だと思うから。私は2人の甥のために，本当の闘牛士さながらに2人の名前が入った闘牛のポスターを買った。それ以外にも，中の電球が光るフラメンコの踊り子の人形や，スペインの山の絵が描かれた扇子，手頃な値段のトレドの古剣を2本買った」(Sandford & Law, 1967, p.43)。こうした観察に基づき，Sandford & Law（1967）は，団体ツアー客にとって，スペインでの経験より，スペインに行ったという事実や，その証明であるお土産を買うこと自体が，旅行の重要な活動となっていると指摘した。

　Rasmussen（1964）と Sandford & Law（1967）が描いた団体ツアー客は，特殊な観光客などではなく，むしろ1980年代までの代表的な観光客の姿である。Poon（1993）と Howie（2003）によると，第二次世界大戦後から1980年代までにかけて，日程や活動が事前に細かく決められ，すべてが標準化されたパッケージツアーが主要な観光形態であり，観光客のほとんどは団体ツアー客であった。Poon（1993）および Fainstein & Judd（1999），Howie（2003）は，選択肢が少なく，標準化されたパッケージツアーを中産階級の顧客に大量に販売するようなビジネスモデルをマスツーリズム（mass tourism）と呼んだ。その上で，1980年代まで，マスツーリズムは最も生産性が高く，利益率の高いビジネスモデルであり，観光産業の常識（common sense）であったと指摘した。パッケージ化された観光商品は，しばしば観

光地の文化に関する誤った解釈の下に作成されており，観光客を地元文化から隔離し，ホストとゲストの間の緊張関係をつくり出した（Waston & Kopachevsky, 1994; Boorstin, 2012）。

　Poon（1993）は，カリブ海のバハマを訪れたアメリカ人団体ツアー客に関する調査の結果に基づき，ツアー客の特徴を次のようにまとめている。団体ツアー客は旅行の経験が豊富であるとはいえない。彼らの旅行目的は，旅行先での経験を楽しむことより，旅行すること自体，あるいは，ある場所へ行ったことを他人に誇示することにある。彼らは旅行団に参加することで，安全と安心を得ている。彼らは同質的であり，その旅行活動を予想することは容易である。彼らは，日程が事前に決められ，すべての料金が事前に決済される旅行パターンを好む。彼らにとって旅行とは，日常生活や仕事からの逃避であり，観光名所にばかり興味があり，それ以外のものに対してあまり興味を示さない。彼らは，自国の価値観・慣習こそが世界で最も優れているものであると考えており，その考え方をもって旅行先を評価する傾向がある。彼らは，旅行先の環境保護に関心がないし，あまり協力もしない（Poon, 1993）。

　このように，団体ツアー客は，旅行先として訪れた場所のアウトサイダーのような存在である。彼らは，その場所が地元の人々にとって持つ意味や，地元の人々の文化・活動に対してあまり興味を持たない。旅行会社やガイドブックの出版社が選りすぐった観光名所を周り，大衆に迎合するステレオタイプの観光土産を買い，旅行に行ったことを周囲の人々に示すことこそが，彼らにとって重要なのである。このような団体ツアー客にとって，都市の近隣地区のように，ガイドブックにも載っておらず，観光名所でもない地区は，訪れる価値がない場所であり，また，パッケージツアーの中に組み込まれない限り，アクセスすることさえできない場所である。

　しかし，1980年代後半に入ると，団体ツアー客とは特徴の異なる観光客が出現し始めた。今日では，観光産業が無視できないまでにその数が増加している（Maitland, 2007/2011）。こうした新しい特徴を持つ観光客を，Poon（1993）は「ニューツーリスト」と呼び，Lash & Urry（1994）は「ポストツーリスト」（post-tourist）と呼んだ。Poon（1993）は，バハマを訪れたニューツー

リストを調査した上で，彼らが同じ場所を訪れる団体ツアー客とは異なる特性を有していることを明らかにした。Poon（1993）によると，ニューツーリストは旅行の経験が豊富であり，彼らにとって旅行とは日常生活からの逃避ではなく，むしろ日常生活の延長である。彼らは旅行団に参加したがらず，自ら旅行をコントロールし，自ら旅行に関する意思決定を下す。ニューツーリストは，様々なグレードのサービスを自分の好みで組み合わせる。例えば，格安航空サービスを使いながら，高級ホテルを利用するような行動がよく見られる。彼らは，旅先での行動すべてを事前に決めておくことはせず，旅をしながら活動を決めることがしばしばである。そのため，その旅行活動を事前に予測することは難しい。ニューツーリストの旅行の目的は，旅行先での経験を楽しむことであり，彼らは旅行先に対して，自分の居住地にはない経験を求める。団体ツアー客とは異なり，ニューツーリストは，旅先の文化や自分とは異なる習慣を非常に高く評価する。また，その習慣・文化の維持，さらに旅先の環境保全についての意識が高く，協力的である。観光経験を標準化することによって，個人の思考と選択の余地をなくしたマスツーリズムとは異なり（Watson & Kopachevsky, 1994），ニューツーリストは旅行について自ら考えて選択し，新しい経験を求める。さらに，ニューツーリストは，団体ツアー客より，旅行から得る満足が大きい傾向にある（Poon, 1993）。

　ニューツーリストが増加しつつあることで，都市観光のあり方は大きく変化している。重要な変化のひとつは，観光名所ではない近隣地区が，近年ますます重要な観光資源となっているということである。この点は，本書で説明されたサンフランシスコのマイノリティ近隣地区にはっきり示されている。サンフランシスコのマイノリティ近隣地区は特殊なものではない。アメリカのニューヨークやボストン，イギリスのロンドンなどの都市を調査した先行研究もまた，近隣地区が重要な都市観光資源になっていることを示している。例えば，Maitland（2007, 2007/2011）は，ロンドンのイズリントン地区（Islington）やニューヨークのブルックリン地区（Brooklyn）など，観光名所ではない場所を訪れた外国人観光客に対する調査を通じて，近隣地区を訪れる観光客が多数存在することを明らかにした。Maitland（2007, 2007/2011）によると，ロンドン北部に位置するイズリントン地区は，ロン

ドン市内を巡るパッケージツアーには目的地として組み込まれておらず，同地を訪れる団体ツアー客はあまりいない。これまでイズリントン地区では，観光産業の振興を目的とした総合プランが策定されたこともなければ，そのための事業が実施されたこともない[6]。イズリントン地区は，主に住宅街およびメインストリート，周辺の商店街からなる生活に密着した近隣地区である。イズリントンの住宅街には，不動産価格が高いヴィクトリア様式やジョージアン様式の一戸建て住宅から，1960年代から70年代にかけて建設された集合住宅に至るまで，多様な住宅が混在している。また，メインストリートとその周辺に大型アトラクション施設はなく，歴史的なサドラーズウェルズ劇場（Sadler's Wells Theatre）やアルメイダ劇場（Almeida Theatre），いくつかの小さな劇場，ひとつの映画館，多様な独立した専門店，パブ・バー・ナイトクラブ，多様なレストランが集積し，昼間も夜も多くの来街者があり，活気にあふれている。観光客を誘致するための投資がまったく行われてこなかったにもかかわらず，1990年代末から，観光客の消費支出はイズリントン地区の主要な収入のひとつとなっており，その後も観光客数と彼らの消費支出は増加し続けている。

　Maitland（2007, 2007/2011）は，イズリントン地区を訪れた外国人観光客に対してインタビュー調査を実施した。その結果，彼らには，ロンドンの名所を訪れる一般的な外国人観光客（以下では，一般的な外国人観光客と呼ぶ）とは異なる特徴が見られたという。イズリントン地区を訪れた外国人観光客は，一般的な外国人観光客より，ロンドンを訪れた回数がはるかに多かった。実際，イズリントン地区を訪れた外国人観光客のうち，83%はロンドンのリピート客であり，53%はロンドンを訪れた経験が3回以上であった。また，イズリントン地区を訪れた外国人観光客は，個別のアトラクション施設ではなく，むしろ，当該地区のさまざまな特性，例えば多様な建物や街並みなどの景観，国際的でボヘミアンな雰囲気，「観光客のための場所ではない」（not touristy）という社会的・文化的な特性に惹きつけられていた（Maitland, 2007, p.29）。外国人観光客は，イズリントン地区で地元の人々と同じように

---

[6] 1991年に観光産業の促進を目的とした非営利団体「ディスカヴァー・イズリントン」（Discover Islington）が設立されたものの，2001年に解散した（Maitland, 2007, 2007/2011）。

街で散歩し，商店街で買い物をし，劇場に行き，カフェ・バー・レストランで食事をしていた。これらの活動こそ，イズリントンを訪れた外国人観光客が求める経験であり，彼らにとってイズリントン地区は本物の場所であったのである。Maitland（2007, 2007/2011）の調査によると，イズリントン地区を再び訪れたいかという質問に対して，外国人観光客の60％が「必ずまた訪れる」と答え，34％が「たぶんまた訪れる」と答えていた。イズリントン地区訪問に対する外国人観光客の高い満足度がうかがえる（Maitland, 2007, 2007/2011）。

　Ehrlich & Dreier（1999）が行ったアメリカのボストン市に関する調査は，Maitland（2007, 2007/2011）と類似する結果を示した。Ehrlich & Dreier（1999）によると，1970年代半ばまでのボストン市では，観光客は主に史跡を訪れ，近隣地区と周辺の商業地区に足を運ぶことは少なかった。1967年に市当局が行った質問票調査によると，「ボストンの最大の魅力が何か」という質問に関して，「都市の景観」と答えた回答者の比率は8％に過ぎず，観光客はボストンの伝統的近隣地区にある狭い道路と古い住宅について否定的な意見を示し，そのような場所を避けていた（Ehrlich & Dreier, 1999）。しかし，1970年代半ば以降，ボストンを訪れる観光客の嗜好と活動は大きく変わった。1994年，「都市の景観を見る」ことと「ショッピングする」ことは，「史跡を訪れる」ことを超えて，観光客の主要な活動となった（Ehrlich & Dreier, 1999）[7]。ボストンに19世紀から存在する近隣地区，例えばサウスエンド（South End）やバックベイ（Back Bay），ベーコンヒル（Beacon Hill），ノースエンド（North End），チャーレスタウン（Charlestown）近隣地区は，今日では観光客が最も訪れる場所となっている。これらの近隣地区のうち，サウスエンドとバックベイ，チャーレスタウンは，1960年代の都市更新事業の実施地に指定され，取り壊される予定であったが，住民の反対運動によっ

7　史跡によって観光産業が発展してきたはずのボストンでは，1980年代以降，史跡を訪れる観光客が伸び悩んでいる。1985年から1995年にかけて，アメリカ合衆国内務省（United States Department of the Interior）は，ボストンの史跡「フリーダムトレイル」（Freedom Trail）の修繕に4500万ドルを拠出した。しかし，1980年から1993年までの間に，ボストンを訪れた観光客の数は50％以上増加したにもかかわらず，この期間にフリーダムトレイルを訪れた観光客の数はほとんど増加しなかった（Ehrlich & Dreier, 1999）。

て保存された場所でもある[8]。

　また，ボストンを訪れる観光客がショッピングを楽しむ場所を見てみると，18世紀のマーケットの建物をリニューアルして，ショッピングモールとして再利用しているファニエルホールマーケットプレイス（Faneuil Hall Marketplace）の人気が最も高かった（Ehrlich & Dreier, 1999）。ファニエルホールマーケットプレイスは，1950年代市当局によって取り壊される予定であったが，その後建築家，近隣地区保存活動家，歴史家などの反対運動によって保存された建物である。ファニエルホールマーケットプレイスには地元の小売企業が入居し，地元住民や勤め人に必要とされるような実用性のある商品を販売している。そこは，観光客に迎合するステレオタイプの記念品が売られている場所ではない。にもかかわらず，現在，ファニエルホールマーケットプレイスの顧客の3分の1は観光客であるという（Ehrlich & Dreier, 1999）。このように，地元の人々に愛され，また，彼らの努力によって保存された近隣地区と商業施設は，本物の場所として，多くの観光客をも惹きつけている。Ehrlich & Dreier（1999）がコメントしたように，観光客と地元の人々両方にとってのボストンの魅力は，この場所が主に観光客のために開発された場所ではないということなのである。

　このように，本書で取り上げたサンフランシスコのマイノリティ近隣地区の事例は，特殊事例などではなく，むしろ都市観光における変化のトレンドのひとつを示していると言えよう。観光名所をすでに数多く見ており，旅行の経験が豊富で，情報収集の能力が高いニューツーリストは，都市を観光する際に，パッケージツアーを利用しなくなっている。また彼らは，アミューズメントパークや地元文化を「展示」する「地元文化村」のような施設，観光土産店といったステレオタイプの施設から離れ始めている。彼らは，個性的な場所を求め，地元の人々と一緒にその場所の施設を利用する。地元の生活環境を楽しみ，自らの文化と異なる文化を経験しようとする傾向が強まっているのである。かつてのパッケージツアーとガイドブックは，観光客は日

8　実際，サウスエンドの建物の約25％，チャールスタウンの建物の約10％は取り壊された（Ehrlich & Dreier, 1999）。しかし，近隣地区住民の反対運動によって，これらの近隣地区に対する全面的な取り壊しは阻止された。

常生活に興味を示さないという考え方を前提に企画され，そのような場所を避けていた。しかし，今日の個人観光客向けのガイドブックでは，「本物のローカル人」（real locals）と出会う方法が紹介されている（Howie, 2003, p. 101）。こうした変化は，今日における都市観光資源としての近隣地区の重要性をはっきりと示している。住宅街と商店街から構成される近隣地区は，人々が暮らし，仕事をし，コミュニティ活動を行う場所である。近隣地区の景観と雰囲気は，場所にかかわる人々の意図を反映しており，彼らの様々な活動が積み重ねられた結果である。こうした近隣地区の景観や雰囲気，人々の日常生活は，場所の本物性と個性をつくり出している。近隣地区では，住民と観光客が共同で施設を利用し，相互作用することができる。このような経験は，「地元の生活・文化の演出を見る」というパッケージツアーに組み込まれるような経験とは本質的に異なるものである。近隣地区の本物性と個性，さらに観光客でありながら地元の生活を実際に体験できるという経験こそが，ニューツーリストを惹きつける最大の魅力である。

3 「市長のトロフィーコレクション」の問題点と本物の場所づくり

市長のトロフィーコレクションの問題点

　観光産業を振興するという経済成長戦略は，第二次世界大戦後，欧米の多くの都市に見られた。アメリカでは，1950年代から，大都市が競ってコンベンションセンターを建設し，大型会議や展示会を誘致する競争が熾烈化した（Judd, 1999）。1970年代後半になると，アメリカとイギリスでは，伝統的製造業が衰退した都市あるいは大都市における工業地区において，観光産業を発展させることで経済の再活性化をはかろうとする動きが本格化した（Fainstein & Judd, 1999; Evans, 2001）。今日それは欧米の多くの都市に広がっている（Hoffman et al., 2003）。これらの都市は，産業の再編と1980年代の不況がもたらした深刻な失業問題を，観光産業を発展させることで解決しようとしている（Meethan, 2001）。観光産業を振興するため，多くの都市では，巨額の公共投資によって観光客向けの施設が次々と建設された（Judd, 1999,

2003; Clark et al., 2011）。例えば，アメリカでは，1970年代半ば州と地方自治体が毎年スポーツアリーナとコンベンション施設の建設に投下した資金は約7億ドルであったが，1990年代前半になると，その投資額は20億ドルまでに上昇した（Eisinger, 2000）。多くの都市では，観光客向けに，似通った各種の施設が造られた。Judd（1999）は，これらの観光施設の組み合わせを「市長のトロフィーコレクション」（mayor's trophy collection）と称した。市長のトロフィーコレクションには通常，ホテルや娯楽と小売の複合施設，コンベンションセンター，アリーナ，水族館，修繕された史跡，再開発されたウォーターフロントが含まれ，都市によってはカジノのようなギャンブル施設も加えられた（Judd, 1999）。

　市長のトロフィーコレクションの建設には巨額の公共投資が必要であり（Evans, 2001），そもそも財政難に陥った都市にとって大きな負担となっている。それだけではなく，市長のトロフィーコレクションには2つの問題点があり，結果的に都市の観光産業振興に必ずしも貢献できていない現状がある。ひとつの問題点は，没場所性の場所をつくり出してしまうという問題点である。市長のトロフィーコレクション事業は，明らかにトップダウンの計画アプローチで進められる（Maitland, 2007）。事業の計画段階において，場所の特性や地元住民の生活に目が向けられることはなく，技術や建物の規模，流行が重要視される（Evans, 2001）。Judd（1999）が指摘したように，市長のトロフィーコレクションを計画する際，建設される施設が市民生活や都市全体の景観に与える影響や，建設費や維持費を回収できるかどうかという問題に官僚の関心はない。彼らはただ，観光客をめぐる都市間の争奪戦において，他の都市に負けない金額の投資を行い，他の都市と同じような施設を揃えなければならない，ということだけを考えている（Judd, 1999; Curvin, 2014）。

　その結果，市長のトロフィーコレクションは，どの都市でも似通っている。また，地域の特徴と文化に根付いておらず，都市の既存の景観やシンボリックな構造から完全にかけ離れているものが多い（Maitland, 2007）。このような没場所性のトロフィーコレクションに（Fainstein & Judd, 1999），たしかに団体ツアー客は訪れるかもしれない。しかし，すでに多くの都市で市長のトロフィーコレクションを見てきたニューツーリストの興味を惹くことは難

しい。この点は，GM の城下町であるアメリカ・ミシガン州のフリント市（Flint）の経験がはっきりと示している。製造業の衰退が顕著となったフリント市は，1980年代から巨額の公的資金を投下し，様々な観光施設に補助金を提供したり，施設を建設したりした。しかし，巨額の投資が観光産業の発展をもたらすことはなかった。Judd（1999）によると，1980年代，フリント市当局は1300万ドルの補助金を提供して，高級ホテルハイアットリージェンシーを誘致したが，開業1年未満で同ホテルは閉鎖した。また，市当局は1億ドルの公的資金を投下して，博物館「アウトワールド」（AutoWorld）を建設し，世界最大の自動車エンジンや，最盛期のフリント市のダウンタウンの模型などを展示したが，この博物館もオープンして6カ月で閉鎖した（Judd, 1999）。さらに市当局は多くの補助金を提供して，テーマパークと小売の複合施設を誘致したが，施設に入居した店舗のほとんどは開業1年未満で撤退した（Judd, 1999）。

　市長のトロフィーコレクションが抱えるもうひとつの問題点は，観光客向けの巨大な施設が，都心に残されている数少ない個性的な場所をさらに破壊する，という点である。市長のトロフィーコレクションを建設するために必要とされる事業用地の面積は非常に大きく，また，都市間競争の激化につれてますます拡大する傾向がある。市民の反対運動によって，近年の都市再開発事業では，1950年代や60年代ほど，近隣地区を大規模に取り壊すことができなくなっているが，数多くの住民と中小企業が立ち退きを余儀なくされることには変わりがない。これによって，都心に残されている数少ない本物の場所がさらに破壊される。それに取って代わるのは，地元の人々のなりわいなど何も感じさせない場所（Relph, 1976）であり，地元の人々があまり利用しない施設である（Evans, 2001）。

　地元の人々が市長のトロフィーコレクションを利用することはあまりない。加えて，訪問者を惹きつけることも難しい。そのため，市長のトロフィーコレクションとして建設された施設の多くは，建設費と維持費を回収・カバーできるほどの収入を得られていないというのが現状である（Judd, 1999）。例えば，コンベンションセンターを見ると，その建設と維持には巨額の費用がかかる。一方で，多くの都市が競って大型コンベンション施設を

建設した結果，会議を開催する団体，とりわけ規模の大きい団体は，都市に対する交渉力を年々強めている。無料でコンベンションホールを使えるようにせよとの要求を都市に突き付けるケースも少なくない（Judd, 1999）。Judd（1999）によると，アメリカの青年団体 Future Farmers of America（FFA）は，長年カンザスシティでカンファレンスを開催していたが，1993年，FFA はカンザスシティに対して，現金による補助金やホテル賃料の割引などの提供を要求した。要求が受け入れられない場合，カンファレンスの場所を別の都市に移すとして交渉を行ったという。結局，カンザスシティが FFA に対して一定の譲歩を行ったにもかかわらず，FFA は大会の開催地を別の都市に移した。この事例は，都市が競って均質的なコンベンション施設を建設し続けた結果，コンベンション誘致交渉において都市の立場が弱くなってしまったこと，また，価格競争に陥ったことで，コンベンション誘致から得られる利益がますます少なくなったことを示している。

　コンベンションセンターだけではなく，スタジアム・アリーナを建設してプロスポーツチームを誘致する戦略もまた，多くの場合，期待した程の経済効果をもたらさなかった（Noll & Zimbalist, 1997; Curvin, 2014）。アメリカでは，プロスポーツチームは都市に対して強い交渉力を持つ立場にあり，ある都市を本拠地にする場合，その都市に対して公的補助金を要求することが一般的となっている（Noll & Zimbalist, 1997; Judd, 1999）。スタジアム・アリーナを保有するためには，巨額の建設費に加えて，膨大な年間運営費がかかる。そのため，アメリカのスタジアムのほとんどは赤字経営に陥り，補助金に依存せざるを得ない（Judd, 1999）。さらに，カジノなどのギャンブル施設の場合は，その建設に関して，組織犯罪や政治腐敗絡みのスキャンダルが後を絶たない（Judd, 1999）。公的機関やマスメディアは，市長のトロフィーコレクションの建設こそが，都市の観光産業振興と経済再生に不可欠なものであると謳ってきた。しかし，それは必ずしも事実ではない（Noll & Zimbalist, 1997; Evans, 2001; Curvin, 2014）。実際，1995年，アメリカの著名な観光都市であるボストンでは，近隣地区と産業界の強い反対を受けて，アメリカンフットボールのスタジアムとコンベンションセンターからなる巨大な複合施設を建設する開発事業計画を，市議会が否決した（Ehrlich &

Dreier, 1999)。

本物の場所づくり

　都市は，独特の文化と景観を持つ。こうした都市の特徴に対して，今日ますます多くの観光客が魅力を感じるようになっている。都市の観光産業は，都市住民の日々の買い物や文化活動，レクリエーション活動から切り離さずに，発展していく可能性がある。観光活動が都市の日常生活に溶け込む都市，また，中心市街地に個性的な近隣地区と商業地区，ビジネス地区など多様な機能が集積し，しかもこれらの地区に公共交通または徒歩で容易にアクセスできるような都市は，長期的に観光客を惹きつけ続けることができる。また，このような都市は，住民にとっても魅力的である（Ehrlich & Dreier, 1999; Ritchie & Crouch, 2003; Glaeser et al., 2011; Clark et al., 2011）。本物の場所では，観光産業と経済の持続的な発展が期待できる。

　本物の場所づくりを実現するためには，2つの条件が必要である。ひとつは，場所にかかわる人々がイニシアチブをとることである。歴史的近隣地区，マイノリティ近隣地区など，今日の都市観光産業にとって重要な資源は，「合理的モデル」にのっとったトップダウンの意思決定で保護されてきたものでもなければ，大手開発業者が投資した結果として維持されているでもない。近隣地区が保存されてきたのは，そこに実際に住む市民が近隣地区の取り壊しに対して反対運動を続け，また，ジェイン・ジェイコブズ（Jane Jacobs）のような文化人たちが，都市における本物の場所の価値を訴え続けた結果である（Fainstein & Gladstone, 1999）。地図や数字のみで場所を見がちな公的機関や大手不動産業者の専門家が考える場所利用の「合理性」は，地元住民や勤め人にとって場所が持つ意味や，彼らの利益と一致しない場合が多い（Murphy, 2014）。場所に関する各種の意思決定に，場所にかかわる人々が自律性を持って参加し，また，目標に向けて革新的な問題解決方法を工夫し続けることこそが，本物の場所をつくり上げ，結果として，個性的で多様な場所を生みだすのである。

　本物の場所づくりを実現するもうひとつの条件は，市当局が，観光産業政策や都市計画，都市景観のデザインなど，場所づくりに関する様々な政策分

野において，パラダイムを転換することである。今日，観光産業は世界で3番目に大きな産業となっており，多くの地方自治体は，観光客を誘致することを目指している（Clark *et al.*, 2011）。しかし，それを実現するためには，政策における2つのパラダイムの転換が必要である。ひとつは，観光客を誘致する手段を，観光客向けの市長のトロフィーコレクションを建設することから，カフェやギャラリー，公共スペースといった，個性的な場所を維持し促進することへと転換することである。こうしたその都市独自の観光資源によって，他の都市と差別化することができ，都市間競争に臨むことができる。地方自治体に求められるもうひとつのパラダイムの転換は，従来の「経済成長一辺倒」（pure economic growth）の政策から（Clark *et al.*, 2011, p. 235），質の高い生活空間をつくり上げ，それを維持する政策へと重点を転換することである（Clark, 2011）。具体的には，経済成長率や雇用創出，道路などのインフラ建設といった従来の政策から，近隣地区の美化推進や公園や自転車道などの整備などによって，個性的で質の高い都市生活環境をつくり出し，維持することへと政策の重点を転換するべきである。これによって，住民自身も観光関連の投資から利益を得ることができ，住民と観光客両方の増加を目指すことができる。Clark *et al.*（2011）が指摘したように，地方自治体はかつてのように，大手企業に補助金などの利益を提供し，それによって都市に残ることを促すような政策を放棄しなければならない。実際，今日のアメリカでは，大手企業を誘致するために補助金を提供する都市は減少し，その代わりに，公園や近隣地区の美化などに投資する都市が増えている。多くの都市は，こうした公共投資の変化から収益を得ているという（Clark *et al.*, 2011）。

　都市は観光客を誘致するために，テーマパークを目指してはいけない。テーマパークは，周辺の環境とは全く無関係に，大手資本によってつくり上げられたファンタジーの場所である。しかし，地元の文化と住民の生活から完全に切り離す形で，都市をファンタジーの場所に変貌させることなど不可能である。また，そうすることが，住民と観光客を誘致する上で都市の強みにもならない。テーマパークとは異なり，都市は，住民が場所のアイデンティティに影響を及ぼすことができる場所であり，民主主義の場所である。Sorkin

（1992）に指摘されたように，「テーマパークやショッピングモールといった『公共』（public）空間では，言論の自由自体が制限されている。事実，ディズニーランドの中にはデモ活動がない」（Sorkin, 1992, p.xv）。一方，本物の都市は，民主主義が最も機能する場所であり，このような場所は，住民と観光客両方にとって魅力的な場所となりうる。

おわりに

　都市観光客の細分化が進んでいる。ファンタジーのテーマパークに逃避したい人や，観光名所だけを効率よくまわりたい団体ツアー客もいれば，旅先のコミュニティとその文化を体験したい都市観光客も存在する。1990年代以降，確実に重要性が高まっているのは，ニューツーリストやポストツーリストと呼ばれる観光客である。彼らは，旅行経験が豊富であり，情報収集の能力が高い。都市観光においては，均質化されていない景観や，自らの居住地にない経験を求める。ニューツーリストの拡大は，都市の観光産業に新しい問題を提起したと同時に，新しい可能性をも示した。団体ツアー客が必ず訪れる観光名所や市長のトロフィーコレクションには，ニューツーリストは必ずしも興味を示さない。その一方，団体ツアー客がほとんど足を踏み入れなかった近隣地区が，ニューツーリストを惹きつける重要な観光資源となっている。ニューツーリスト層が今後さらに成長していくことを前提に考えれば，都市が観光客をめぐる熾烈な都市間競争で勝ち抜くために，他の都市と差別化を図ることがますます重要となっており，その意味では本物の場所づくりが不可欠となっている。

　場所にかかわる人々がイニシアチブをとり，公的機関が経済成長から質の高い都市生活環境の整備へと政策の重点を移す。さらに両者が協働型計画を実践することによってはじめて，本物の都市の場所をつくり上げることができる。このような都市の場所は，テーマパークが提供できないような価値を観光客に提供する。本物の都市の場所で観光客は，地元関係者が場所の意味について持つ認識と，彼らの活動によってつくり上げられる独特の景観と雰囲気を楽しみ，都市の民主主義を味わう。さらに，観光客が地元客と一緒に

施設やサービスを利用することで,観光活動は旅先の個性や文化の破壊ではなく,むしろその維持に貢献するのである。本物の都市の場所は,観光客と住民両方にとって魅力的な場所であり,観光産業と都市経済の持続的な発展につながる。

　たしかに,ニューツーリストを含めて,都市観光客が旅をする際には,本物の場所を楽しむこと以外に,旅の快適さや安全性が求められる。しかし,快適さや安全性はどの都市でも提供できるものであるし,少なくとも改善していくことは可能である。一方で,本物の場所の形成には長い年月を要する。地元住民がイニシアチブをとり,市当局が都市の観光産業・都市計画・経済などの政策分野でパラダイムを転換することが求められる。これは必ずしも容易なことではない。しかし,こうした抜本的な政策の変化と協働型計画がなければ,個性的で多様性に富む都市をつくり上げることはできないのだ。

〔付録〕 インタビュー協力者一覧

ID	氏名	機関名	左記機関のカテゴリー	インタビュー時点での職位	日時
1	Angela Chu	Chinatown Community Development Center	非営利団体	Community Organizing Manager	9-Sep-14
2	Annie Huang	University of California, Davis	大学	Student	6-Sep-14
		Chinatown Community Development Center	非営利団体	Volunteer Guide	
3	Chris Bigelow	サンフランシスコ住民			25-Aug-14
4	Daniel A. Sider	San Francisco Planning Department	公的機関	Ombudsman to the Director, Assistant to the Zoning Administrator	23-Jul-12
5	David Kaye	サンフランシスコ住民			29-Jun-14
6	Demetri Moshoyannis	Folsom Street Events	非営利団体	Executive Director	30-Jun-14 および 1-Jul-14
7	Dennis Chen	University of California, Davis	大学	Student	6-Sep-14
		Chinatown Community Development Center	非営利団体	Volunteer Guide	
8	Esther Kwan	Chinese Culture Center	非営利団体	Volunteer Guide	23-Aug-14, 29-Aug-14 および 30-Aug-14
9	Evy Peng	University of California, Davis	大学	Student	6-Sep-14
		Chinatown Community Development Center	非営利団体	Volunteer Guide	
10	Henry Karnilowicz	Occidental Express	コンサルティング・デザイン会社	Owner	24-Jul-12
		San Francisco Council of District Merchants Association	商人連合会	President	
11	Hubertus Funke	San Francisco Travel Association	非営利団体	Director, International Tourism, Eurpoe & Latin America	25-Aug-14
12	Jesse Fink	Toy Boat Dessert Cafe	飲食店	Owner	25-Jul-12
		Clement Street Merchants Association	商人連合会	President	
13	Kathleen Dooley	Columbine Design	小売店	Owner	27-Jul-12
		City & County of San Francisco: Small Business Commission	公的機関	Small Business Commissioner	

ID	氏名	機関名	左記機関の カテゴリー	インタビュー 時点での職位	日時
14	Lesley Leonhardt	Images of the North	小売店	Owner	26-Jul-12
		Union Street Association	商人連合会	Executive Director	
15	Leland Wong	アーティスト			1-Sep-14
16	Lisa Pagan	San Francisco Office of Economic and Workforce Development	公的機関	Project Manager	26-Jul-12
17	Marjorie Bryer	GLBT Historical Society	非営利団体	Managing Archivist	26-Jun-14 および 27-Jun-14
18	Mary Wong Leong	Donaldina Cameron House	非営利団体	Office Manager	8-Sep-14
19	Martha Asten	Cliff's Variety	小売店	Owner	25-Jul-12
20	Matt Stiker	San Francisco Travel Association	非営利団体	Chief Marketing Officer	27-Jul-12
21	Michael Cushing	San Francisco City Guides	非営利団体	Executive Director	23-Jul-12
22	Mike Skiff	Third Rail Media	メディア企業	Journalist, Documentary Filmmaker	12-Jun-14 および 13-Jun-14
23	Paul Lester	President of Folsom Street Events（1995-2000）			1-Jul-14
24	Paul Yamazaki	City Lights Bookstore	書店	Chief Buyer	4-Sep-14
25	Regina Dick-Endrizzi	City & County of San Francisco: Office of Small Bsiness	公的機関	Executive Director	26-Jul-12
26	Sal Fish	Magnolia Gastropub & Brewery	飲食店	General Manager	24-Aug-14
27	Stacey Lewis	City Lights Publishers	出版社	Publicity & Marketing Director	9-Sep-14
28	Terry Asten Bennett	Cliff's Variety	小売店	General Manager	25-Jul-12
		Merchants of Upper Market & Castro	商人連合会	President	
29	Wendy Chen	Chinatown Community Development Center	非営利団体	Community Organizer	6-Sep-14
30	匿名希望	Chinatown Community Development Center	非営利団体	Community Organizer	9-Sep-14
31	匿名希望	サンフランシスコを訪れたイタリア人女性観光客			6-Sep-14
32-33	匿名希望	ルイジアナ州からサンフランシスコを訪れたアメリカ人観光客（夫婦）			6-Sep-14
34-35	匿名希望	ミネソタ州ミネアポリス市からサンフランシスコに移住したアメリカ人夫婦			6-Sep-14

（注）すべての機関の所在国はアメリカ合衆国である．所属機関と職位が明記されていない方は，インタビュー時点で引退した方，機関に属していなかった方，または観光客である．

参考文献

Abler, R., Adams, J. S., & Gould, P. (1971) *Spatial Organization: The Geographer's View of the World*. London: Prentice/Hall International.
Achilles, N. (1967) The Development of the Homosexual Bar as an Institution. In Gagnon, J. H. & Simon, W. (eds.) *Sexual Deviance*. New York: Harper & Row, pp. 228-244.
Agee, C. L. (2014) *The Streets of San Francisco: Policing and the Creation of a Cosmopolitan Liberal Politics, 1950-1972*. Chicago: The University of Chicago Press.
Aldrich, R. (2010) Gay and Lesbian History. In Aldrich, R. (ed.) *Gay Life and Culture: A World History*, 1st paperback edition. London: Thames & Hudson, pp. 7-27.
Allard, M. D. (2011) Asians in the U.S. Labor Force: Profile of a Diverse Population. *Monthly Labor Review*, November 2011: 3-22.
Appell, D. & Balido, P. (1998) *Access Gay USA*. New York: Access Press.
Armstrong, E. A. (2002) *Forging Gay Identities: Organizing Sexuality in San Francisco, 1950-1994*. Chicago: The University of Chicago Press.
Asbury, H. (1933/2008) *The Barbary Coast: An Informal History of the San Francisco Underworld*. New York: Basic Books. Originally published in 1933 by Alfred A. Knopf.
Averbach, A. (1973) San Francisco's South of Market District, 1850-1950; The Emergence of a Skid Row. *California Historical Quarterly*, 52 (3): 197-223.
Beemyn, B. G. (2010) The Americas: From Colonial Times to the 20th Century. In Aldrich, R. (ed.) *Gay Life and Culture: A World History*, 1st paperback edition. London: Thames & Hudson, pp. 145-165.
Bérubé, A. (2010) *Coming Out Under Fire: The History of Gay Men and Women in World War II*, 20th anniversary edition. Chapel Hill: The University of North Carolina Press.
Blake, P. (1964) *God's Own Junkyard: The Planned Deterioration of America's Landscape*. New York: Holt, Rinehart and Winston.
Bloomfield, A. B. (1995/1996) A History of the California Historical Society's New Mission Street Neighborhood, *California History*, 74 (4): 372-393.
Boorstin, D. J. (2012) *The Image: A Guide to Pseudo-Events in America*, 50th anniversary edition. New York: Vintage Books.
Boyd, N. A. (2003) *Wide-Open Town: A History of Queer San Francisco to 1965*. Berkeley: University of California Press.
Brook, J., Carlsson, C., & Peters, N. J. (1998) *Reclaiming San Francisco: History, Politics, Culture* (A City Lights Anthology). San Francisco: City Lights Books.
Calder-Marshall, A. (1963) *The Bodley Head Jack London*. London: The Bodley Head.
California Promotion Committee (1905) *For California*. San Francisco: California Promotion Committee. 未刊行物。サンフランシスコ市立図書館歴史センター所蔵。
Carlsson, C. (1995) The Workingmen's Party & The Denis Kearney Agitation. *Foundsf*. (http://foundsf.org/index.php?title=The_Workingmen%E2%80%99s_Party_%26_The_

Dennis_Kearney_Agitation)

Carter, D. (2004) *Stonewall: The Riots That Sparked the Gay Revolution*. New York: St. Martin's Griffin.

Cartier, M. (2013) *Baby, You Are My Religion: Women, Gay Bars, and Theology Before Stonewall*. Durham: Acumen Publishing.

Charters, A. (1983) *The Beats: Literary Bohemians in Postwar America* (Dictionary of Literary Biography, Vol. 16, Part 1: A-L). Detroit: A Bruccoli Clark Book.

Cherkovski, N. (1979) *Ferlinghetti, a Biography*. New York: Doubleday & Company.

Chomsky, N. (2002) *American Power and the New Mandarins*, the New Press paperback edition. New York: The New Press.

Choy, P. P. (2012) *San Francisco Chinatown: A Guide to Its History and Architecture*. San Francisco: City Lights.

City and County of San Francisco (2001) File No. 011101: Ordinance to Amend Appendix A of Planning Code Article 10 to Designate City Lights Bookstore As a Landmark. (http://www.sfbos.org/ftp/uploadedfiles/bdsupvrs/ordinances01/o0167-01.pdf)

Clark, T. N. (2011) Introduction: Taking Entertainment Seriously. In Clark, T. N. (ed.) *The City as an Entertainment Machine*. Plymouth: Lexington Books, pp.1-13.

Clark, T. N., Lloyd, R., Wong, K. K., & Jain, P. (2011) Amenities Drive Urban Growth: A New Paradigm and Policy Linkages. In Clark, T. N. (ed.) *The City as an Entertainment Machine*. Plymouth: Lexington Books, pp.209-239.

Conforti, J. M. (1996) Ghettos as Tourism Attractions. *Annals of Tourism Research*, 23 (4): 830-842.

Crofutt, G. (1869) *Crofutt's Trans-Continental Tourist's Guide*. New York: GEO. A. Crofutt Publisher.

Curvin, R. (2014) *Inside Newark: Decline, Rebellion, and the Search for Transformation*. New Brunswick: Rutgers University Press.

D'Emilio, J. (1983) Capitalism and Gay Identity. In Snitow, A., Stansell, C., & Thompson, S. (eds.) *Powers of Desire: The Politics of Sexuality*. New York: Monthly Review Press, pp. 100-113.

D'Emilio, J. (1988) *Sexual Politics, Sexual Communities: The Making of a Homosexual Minority in the United States 1940-1970*, 2nd edition. Chicago: The University of Chicago Press.

D'Emilio, J. (1989) Gay Politics and Community in San Francisco Since World War II. In Duberman, M., Vicinus, M., & Chauncey, G. Jr. (eds.) *Hidden from History: Reclaiming the Gay and Lesbian Past*. New York: Meridian, pp.456-473.

Davidson, M. (1991) T*he San Francisco Renaissance: Poetics and Community at Mid-century*, 1st paperback edition. New York: Cambridge University Press.

Davison, G. C. (1982) Politics, Ethics, and Therapy for Homosexuality. *American Behavioral Scientist*, 25 (4): 423-434.

DelVecchio, R. (1989) Chief Jordan's Explanation of Castro Sweep. *San Francisco Chronicle*, 14 December, 1989, p. A4.

DelVecchio, R. (1990) 500 Protestors Block Market Street Traffic. *San Francisco Chronicle*, 23

June, 1990, p. A11.

Destination Analysts, Inc. (2011) Final Report: San Francisco Visitor Profile Research. サンフランシスコ観光協会内部資料。

Dubos, R. (1972) *A God Within*. New York: Charles Scribner's Sons.

Economics Research Associates (1982) Survey of San Francisco Visitors: First Quarter 1982. Prepared for San Francisco Convention and Visitors Bureau. 未刊行物。サンフランシスコ市立図書館歴史センター所蔵。

Edwards, D., Griffin, T., & Hayllar, B. (2008) Urban Tourism Research: Developing an Agenda. *Annals of Tourism Research*, 35 (4): 1032-1052.

Ehrlich, B. & Dreier, P. (1999) The New Boston Discovers the Old: Tourism and the Struggle for a Livable City. In Judd, D. R. & Fainstein, S. S. (eds.) *The Tourist City*. New Haven: Yale University Press, pp.155-178.

Eisinger, P. (2000) The Politics of Bread and Circuses: Building the City for the Visitor Class. *Urban Affairs Review*, 35 (3): 316-333.

Evans, G. (2001) *Cultural Planning: An Urban Renaissance?* Abingdon: Routledge.

Ewald, D. & Clute, P. (1991) *San Francisco Invites the World: The Panama-Pacific International Exposition of 1915*. San Francisco: Chronicle Books.

Fainstein, S. S. & Gladstone, D. (1999) Evaluating Urban Tourism. In Judd, D. R. & Fainstein, S. S. (eds.) *The Tourist City*. New Haven: Yale University Press, pp. 21-34.

Fainstein, S. S. & Judd, D. R. (1999) Global Forces, Local Strategies, and Urban Tourism. In Judd, D. R. & Fainstein, S. S. (eds.) *The Tourist City*. New Haven: Yale University Press, pp. 1-17.

Fellows, W. & Branson, H. P. (2010) *Gay Bar: The Fabulous, True Story of a Daring Woman and Her Boys in the 1950s*. Madison: The University of Wisconsin Press.

Ferlinghetti, L. (2001) *San Francisco Poems (Poet Laureate Series Number 1)*. San Francisco: City Lights Foundation.

Ferlinghetti, L. (2006) Introduction: "Howl" at the Frontiers. In Morgan, B. & Peters, N. J. (eds.) *Howl on Trial: The Battle for Free Expression*. San Francisco: City Lights Books, pp. xi-xiv.

Ferlinghetti, L. & Peters, N. J. (1980) *Literary San Francisco: A Pictorial History from Its Beginnings to the Present Day*. San Francisco: City Lights Books and Harper & Row, Publishers.

Fishman, R. (1987) *Bourgeois Utopias: The Rise and Fall of Suburbia*. Basic Books.

FitzGerald, F. (1986) *Cities on a Hill: A Journey Through Contemporary American Cultures*. New York: Simon and Schuster.

Gallo, M. M. (2006) *Different Daughters: A History of the Daughters of Bilitis and the Rise of the Lesbian Rights Movement*, 1st Carroll & Graf edition. New York: Carroll & Graf Publishers.

Ginsberg, A. (1956) *Howl and Other Poems (The Pocket Poets Series No. 4)*. San Francisco: City Lights Books.

Ginsberg, A. & Young, A. (1973) *Gay Sunshine Interview*. Bolinas: Grey Fox Press.

Giroux, H. A. (2014) *The Violence of Organized Forgetting: Thinking Beyond America's Disimagination Machine*. San Francisco: City Lights Books.

Glaeser, E. L., Kolko, J., & Saiz, A. (2011) Consumers and Cities. In Clark, T. N. (ed.) *The City as an Entertainment Machine*. Plymouth: Lexington Books, pp.135-141.

Gorman, M. R. (1998/2013) *The Empress Is a Man: Stories From the Life of José Sarria*. New York: Routledge. Originally published in 1998 by The Haworth Press.

Gould, R. E. (1979) What We Don't Know About Homosexuality. In Levine, M. P. (ed.) *Gay Men: The Sociology of Male Homosexuality*. New York: Harper & Row, Publihsers, pp. 36-50.

Groth, P. (1994) *Living Downtown: The History of Residential Hotels in the United States*. Berkeley: University of California Press.

Guaracino, J. (2007) *Gay and Lesbian Tourism: The Essential Guide for Marketing*. Oxford: Butterworth-Heinemann.

Hamalian, L. (1992) *A Life of Kenneth Rexroth*, Norton paperback. New York: W·W·Norton & Company.

Harry, J. (1974) Urbanization and the Gay Life. *The Journal of Sex Research*, 10 (3): 238-247.

Hartman, C. (1974) *Yerba Buena: Land Grab and Community Resistance in San Francisco*. San Francisco: Glide Publications.

Hartman, C. & Carnochan, S. (2002) *City for Sale: The Transformation of San Francisco*, revised and updated edition. Berkeley: University of California Press.

Hayden, D. (2004) *Building Suburbia: Green Fields and Urban Growth, 1820-2000*, 1st Vintage Books edition. New York: Vintage Books.

Hekma, G. (2010) The Gay World: 1980 to the Present. In Aldrich, R. (ed.) *Gay Life and Culture: A World History*, 1st paperback edition. London: Thames & Hudson, pp. 333-363.

Hergemöller, B. (2010) The Middle Ages. In Aldrich, R. (ed.) *Gay Life and Culture: A World History*, 1st paperback edition. London: Thames & Hudson, pp. 57-77.

Hoffman, L. M., Fainstein, S. S., & Judd, D. R. (2003) *Cities and Visitors: Regulating People, Markets, and City Space*. Malden: Blackwell Publishing.

Hooker, E. (1967) The Homosexual Community. In Gagnon, J. H. & Simon, W. (eds.) *Sexual Deviance*. New York: Harper & Row, Publishers, pp. 167-184.

Howe, A. C. (2001) Queer Pilgrimage: The San Francisco Homeland and Identity Tourism. *Cultural Anthropology*, 16 (1): 35-61

Howie, F. (2003) Establishing the Common Ground: Tourism, Ordinary Places, Grey-areas and Environmental Quality in Edinburgh, Scotland. In Hall, D. & Richards, G. (eds.) *Tourism and Sustainable Community Development*, paperback edition. Abingdon: Routledge, pp.101-118.

Innes, J. E. & Booher, D. E. (2010) *Planning with Complexity: An Introduction to Collaborative Rationality for Public Policy*. Abingdon: Routledge.

Issel, W. & Cherny, R. W. (1986) *San Francisco, 1865-1932: Politics, Power, and Urban Development*. Berkeley: University of California Press.

Jansen-Verbeke, M. (1986) Inner-City Tourism: Resources, Tourists and Promoters. *Annals of Tourism Research*, 13: 79-100.

Johnson, D. K. (2006) *The Lavender Scare: The Cold War Persecution of Gays and Lesbians in the Federal Government*, paperback edition. Chicago: The University of Chicago Press.

Judd, D. R. (1999) Constructing the Tourist Bubble. In Judd, D. R. & Fainstein, S. S. (eds.) *The*

Tourist City. New Haven: Yale University Press, pp. 35-53.
Judd, D. R. (2003) *The Infrastructure of Play: Building the Tourist City*. New York: M. E. Sharpe.
Judd, D. R. & Fainstein, S. S. (1999) *The Tourist City*. New Haven: Yale University Press.
Jung, J. (2010) *Sweet and Sour: Life in Chinese Family Restaurants*. USA: Yin and Yang Press.
Kahn, J. (1979) *Imperial San Francisco: Politics and Planning in an American City, 1897-1906*. Lincoln: University of Nebraska Press.
Kay, J. H. (1997) *Asphalt Nation: How the Automobile Took Over America, and How We Can Take It Back*. Berkeley: University of California Press.
Kerouac, J (1958/1976) *The Dharma Bums*. New York: Penguin Books. Originally published in 1958 by The Viking Press.
Knopp, L. (1994) Social Justice, Sexuality, and the City. *Urban Geography*, 15(7): 644-660.
Knopp, L. (1995) Sexuality and Urban Space: A Framework for Analysis. In Bell, D. & Valentine, G. (eds.) *Mapping Desire: Geographies of Sexualities*. New York: Routledge, pp. 149-161.
Kunstler, J. H. (1994) *The Geography of Nowhere: The Rise and Decline of America's Man-Made Landscape*, 1st Touchstone edition. New York: Touch Stone.
Kurtz, S. A. (1973) *Wasteland: Building the American Dream*. New York: Praeger Publishers.
Lash, S. & Urry, J. (1994) *Economies of Signs and Space*. London: Sage Publications.
Levitt, E. E. & Klassen, A. D. Jr. (1979) Public Attitudes Toward Homosexuality. In Levine, M. P. (ed.) *Gay Men: The Sociology of Male Homosexuality*. New York: Harper & Row, Publishers, pp. 19-35.
Lyod, B. & Rowntree, L. (1978) Radical Feminists and Gay Men in San Francisco: Social Space in Dispersed Communities. In Lanegran, D. A. & Palm, R. (eds.) *An Invitation to Geography*, 2nd edition. New York: McGraw-Hill, pp. 78-88.
Machida, M. (2008) Art and Social Consciousness: Asian American and Pacific Islander Artists in San Francisco, 1965-1980. In Chang, G. H., Johnson, M. D., & Karlstrom, P. J. (eds.) *Asian American Art: A History, 1850-1970*. Stanford: Stanford University Press, pp. 257-279.
Maitland, R. (2007) Culture, City Users and the Creation of New Tourism Areas in Cities. In Smith, M. K. (ed.) *Tourism, Culture and Regeneration*. Cambridge: CABI, pp. 25-34.
Maitland, R. (2007/2011) Cultural Tourism and the Development of New Tourism Areas in London. In Richards, G. (ed.) *Cultural Tourism: Global and Local Perspectives*. Abingdon: Routledge, pp. 113-129. Originally published in 2007 by The Haworth Press.
Marinucci, C. (1991) City Out to Sell Itself as 'the Ideal Urban Vacation.' *San Francisco Examiner*, March 11, 1991, p. D-1, p. D-6.
Meethan, K. (2001) *Tourism in Global Society: Place, Culture, Consumption*. Basingstoke: Palgrave.
Mellinkoff, A. (1957) Morning Report: Iron Curtain on the Embarcadero. *San Francisco Chronicle*, March 28, 1957.
Mitulski, J. (2002) The Castro Is a Sacred Place. In Leyland, W. (ed.) *Out in the Castro: Desire, Promise, Activism*. San Francisco: Leyland Publications, pp.219-225.
Morgan, B. (2003) *The Beat Generation in San Francisco: A Literary Tour*. San Francisco: City

Lights Books.

Morgan, B. & Peters, N. J. (2006) *Howl on Trial: The Battle for Free Expression.* San Francisco: City Lights Books.

Morrill, R. L. (1970) *The Spatial Organization of Society.* Belmont: Duxbury Press.

Murphy, P. E. (2014) *Tourism: A Community Approach*, paperback edition. New York: Routledge.

Nasser, H. E. & Overberg, P. (2011) Census Reveals Plummeting U.S. Birthrates. *USA TODAY.* (http://usatoday30.usatoday.com/news/nation/census/2011-06-03-fewer-children-census-suburbs_n.htm)

National Travel and Tourism Office (2013) Overseas Visitation Estimates for U.S. States, Cities, and Census Regions: 2013.
(http://travel.trade.gov/outreachpages/download_data_table/2013_States_and_Cities.pdf)

Nee, V. G. & Nee, B. de B. (1972/1986), *Longtime Californ': A Documentary Study of an American Chinatown.* Stanford: Stanford University Press. Originally published in 1972 by Pantheon Books.

Noll, R. G. & Zimbalist, A. (1997) *Sports, Jobs, and Taxes: The Economic Impact of Sports Teams and Stadiums.* Washington, D.C.: Brookings Institution Press.

Noss, A. (2012) Household Income for States: 2010 and 2011: American Community Survey Briefs.
(http://www.census.gov/prod/2012pubs/acsbr11-02.pdf)

O'Neil, P. (1959) The Only Rebellion Around: But the Shabby Beats Bungle the Job in Arguing, Sulking and Bad Poetry. *Life*, November 30, 1959, pp.114-116, pp. 119-120, pp. 123-124, p. 126, pp. 129-130.

Page & Turnbull, Inc. (2009) Historic Context Statement (Final): South of Market Area, San Francisco, California. Prepared for City and County of San Francisco Planning Department. (http://www.sf-planning.org/modules/ShowDocument.aspx?documentid=372)

Pan, E. Y. Z. (1995) *The Impact of the 1906 Earthquake on San Francisco's Chinatown.* New York: Peter Lang Publishing.

Parenti, M. (1995) *Against Empire.* San Francisco: City Lights Books.

Parry, A. (1960/2012) *Garrets and Pretenders: Bohemian Life in America from Poe to Kerouac.* New York: Dover Publications. Originally published in 1960 by Dover Publications.

Pearce, P. G. (2001) An Integrative Framework for Urban Tourism Research. *Annals of Tourism Research*, 28 (4): 926-946.

Peskind, S. (2002) AIDS and the Castro, June, 1981-June, 1983: A Personal Account. In Leyland, W. (ed.) *Out in the Castro: Desire, Promise, Activism.* San Francisco: Leyland Publications, pp.141-159.

Peters, N. J. (1998) The Beat Generation and San Francisco's Culture of Dissent. In Brook, J., Carlsson, C., & Peters, N. J. (eds.) *Reclaiming San Francisco: History, Politics, Culture* (A City Lights Anthology). San Francisco: City Lights Books, pp. 199-215.

PewResearchCenter (2013) Asian-Americans Lead All Others in Household Income. (http://www.pewresearch.org/daily-number/asian-americans-lead-all-others-in-householdincome/)

Poon, A. (1993) *Tourism, Technology and Competitive Strategies*. Cambridge: CABI.

Rasmussen, S. E. (1964) *Experiencing Architecture*, 1st MIT Press paperback edition. Cambridge: The MIT Press.

Rast, R. W. (2006) Tourist Town: Tourism and the Emergence of Modern San Francisco, 1869-1915. A dissertation submitted in partial fulfillment of the requirements for the degree of Doctor of Philosophy, University of Washington.

Relph, E. (1976) *Place and Placelessness*. London: Pion Limited（E・レルフ，高野岳彦・阿部隆・石山美也子訳（1999）『場所の現象学：没場所性を越えて』（ちくま学芸文庫）筑摩書房）．

Rigney, F. J. & Smith, D. L. (1961) *The Real Bohemia: A Sociological and Psychological Study of the Beats*. New York: Basic Books.

Risse, G. B. (2012) *Plague, Fear, and Politics in San Francisco's Chinatown*. Baltimore: The Johns Hopkins University Press.

Ritchie, J. R. B. & Crouch, G. I. (2003) *The Competitive Destination: A Sustainable Tourism Perspective*. Wallingford: CABI.

Rizzo, D. (2010) Public Spheres and Gay Politics since the Second World War. In Aldrich, R. (ed.) *Gay Life and Culture: A World History*, 1st paperback edition. London: Thames & Hudson, pp. 197-221.

Robinson, F. M. (2002) Castro Street, That Great Street. In Leyland, W. (ed.) *Out in the Castro: Desire, Promise, Activism*. San Francisco: Leyland Publications, pp. 45-77.

Rogerson, C. M. & Visser, G. (2007) *Urban Tourism in the Developing World: The South African Experience*. New Brunswick: Transaction Publishers.

Rubin, G. S. (1997) Elegy for the Valley of Kings: AIDS and the Leather Community in San Francisco, 1981-1996. In Levine, M. P., Nardi, P. M., & Gagnon, J. H. (eds.) *In Changing Times: Gay Men and Lesbians Encounter HIV/AIDS*. Chicago: The University of Chicago Press, pp. 101-144.

Rubin, G. S. (1998) The Miracle Mile: South of Market and Gay Male Leather 1962-1997. In Brook, J., Carlsson, C., & Peters, N. J. (eds.) *Reclaiming San Francisco: History, Politics, Culture*. San Francisco: City Lights Books, pp. 247-272.

Rubin, G. S. (2000) Sites, Settlements, and Urban Sex: Archaeology and the Study of Gay Leathermen in San Francisco, 1955-1995. In Schmidt, R. A., & Voss, B. L. (eds.) *Archaeologies of Sexuality*. New York: Routledge, pp.62-88.

San Francisco Convention & Tourist Bureau (1937) 28 Years of Visitor Solicitation for San Francisco. パンフレット。サンフランシスコ市立図書館歴史センター所蔵。

San Francisco Convention & Visitors Bureau (1970) S.F.'s Fortune: Tourism & Conventions. 未刊行物。サンフランシスコ市立図書館歴史センター所蔵。

San Francisco Convention & Visitors Bureau (1988) The Bureau Book: 1988 Visitor Industry Resource Handbook. 未刊行物。サンフランシスコ市立図書館歴史センター所蔵。

San Francisco Convention & Visitors Bureau (1992) The Bureau Book: 1991-1992 Member Desk Reference. 未刊行物。サンフランシスコ市立図書館歴史センター所蔵。

San Francisco Department of City Planning (1984) *Commerce and Employment in Chinatown*. Japan: Amazon.

San Francisco Redevelopment Agency (1952) *The Feasibility of Redevelopment in the South of Market Area*. 未刊行物。サンフランシスコ市立図書館所蔵。

Sandford, J. & Law, R. (1967) *Synthetic Fun: A Short Soft Glance*. Baltimore: Penguin Books.

Shilts, R. (2007) *And the Band Played On: Politics, People, and the AIDS Epidemic*, 20th anniversary edition. New York: St. Martin's Press.

Shilts, R. (2008) *The Mayor of Castro Street: The Life and Times of Harvey Milk*, 1st St. Martin's Griffin edition. New York: St. Martin's Griffin.

Sides, J. (2009) *Erotic City: Sexual Revolutions and the Making of Modern San Francisco*. New York: Oxford University Press.

Siegel, P., Martin, E., & Bruno, R. (2001) Language Use and Linguistic Isolation: Historical Data and Methodological Issues. Prepared for the session on Language Differences and Linguistic Isolation at the FCSM Statistical Policy Seminar, Bethesda, MD November 8-9, 2000. (http://www.census.gov/hhes/socdemo/language/data/census/li-final.pdf)

Siu, P. C. P. (1987) *The Chinese Laundryman: A Study of Social Isolation*. New York: New York University Press.

Sorkin, M. (1992) Introduction: Variations on a Theme Park. In Sorkin, M. (ed.) *Variations on a Theme Park: The New American City and the End of Public Space*. New York: Hill and Wang, pp. xi-xv.

Stewart, J. (2011) *Folsom Street Blues: A Memoir of 1970s SoMa and Leatherfolk in Gay San Francisco*. San Francisco: Palm Drive Publishing.

Stryker, S. & Buskirk, J. V. (1996) *Gay by the Bay: A History of Queer Culture in the San Francisco Bay Area*. San Francisco: Chronicle Books.

Sullivan, R. J. (1976) Community Need for Convention Facilities. 未刊行物。サンフランシスコ市立図書館歴史センター所蔵。

Switzky, J. (2010) A Small-box Paradise. (http://www.spur.org/publications/library/article/smallbox_paradise).

Tamagne, F. (2010) The Homosexual Age, 1870-1940. In Aldrich, R. (ed.) *Gay Life and Culture: A World History*, 1st paperback edition. London: Thames & Hudson, pp. 167-195.

The Official History of the California Midwinter International Exposition: A Descriptive Record of the Origin, Development and Success of the Great Industrial Expositional Enterprise Held in San Francisco From January to July, 1894. San Francisco: Press of H. S. Crocker Company.

Tsui, B. (2009) *American Chinatown: A People's History of Five Neighborhoods*. New York: Free Press.

Wassenaar, D. J. & Oestreich, H. H. (1972) San Francisco Convention and Visitor Study: Part 2. 未刊行物。サンフランシスコ市立図書館歴史センター所蔵。

Watson, G. L. & Kopachevsky, J. P. (1994) Interpretations of Tourism as Commodity. *Annals of Tourism Research*, 21 (3): 643-660.

Watson, S. (1995) *The Birth of the Beat Generation: Visionaries, Rebels, and Hipsters, 1944-1960* (Circles of the Twentieth Century). New York: Pantheon Books.

Wirth, L. (1945) The Problem of Minority Groups. In Linton, R. (ed.) *The Science of Man in the World Crisis*. New York: Columbia University Press, pp. 347-372.

Wolff, R. & Barsamian, D. (2012) *Occupy the Economy: Challenging Capitalism*. San Francisco: City Lights Books.

Wonderling, L. (2008) *San Francisco Tenderloin: True Stories of Heroes, Demons, Angels, Outcasts and a Psychotherapist*, expanded 2nd edition. Bullhead City: Cape Foundation Publications.

World Tourism Organization (2012) Global Report on GLBT Tourism (AM Reports: Volume 3).
(http://dtxtq4w60xqpw.cloudfront.net/sites/all/files/pdf/unwto_globalreport GLBTtourism_lw_eng.pdf)

Yung, J. & The Chinese Historical Society of America (2006) *San Francisco's Chinatown (Images of America)*. San Francisco: Arcadia Publishing.

Zube, E. H. (1970) *Landscapes: Selected Writings of J. B. Jackson*. Amherst: The University of Massachusetts Press.

岩間暁子（2007）「アメリカにはなぜ多様なマイノリティが存在するのか：概念の『拡散』とアファーマティブ・アクション」,岩間暁子／ユ・ヒョヂョン（編著）『マイノリティとは何か：概念と政策の比較社会学』ミネルヴァ書房，145-174 頁。

風間孝・河口和也（2010）『同性愛と異性愛』（岩波新書）岩波書店。

鈴木博之（2012）『(シリーズ日本の近代) 都市へ』（中公文庫）中央公論新社。

畢滔滔（2014）『よみがえる商店街：アメリカ・サンフランシスコ市の経験』碩学舎。

本江正茂（2006）「没場所性に抗して」,『10＋1』第 42 号（【特集】グラウンディング：地図を描く身体），132-135 頁。

索　引

数字・欧文

1906年サンフランシスコ大地震	1,33,54,56,120
1924年国籍法	53
1965年移民法	62
AAAプログラム	74
CATsプログラム	74
CCHC	74
CDC	74,75
CRC	74
GLBT	23,108
Life 誌	105,111,126,147,154,158,161
San Francisco Chronicle 紙	31,157,163
San Francisco Examiner 紙	155,157,161
SCAN	132
SFNLAF	40,123
SFTG	104
SIR	105
SMMILE	132
SOMA Alliance	129
TODCO	123,129
TOOR	40,123
YSROプログラム	74

ア行

アクトアップ	111
アーネット，チャック	126
アメリカ疾病管理予防センター	109
アメリカ自由人権協会（ACLU）	153
アルカトラズ島	1,28
イエバブエナガーデン	128
イエバブエナセンター	40,42
異性愛	4,90
異性愛核家族	92,95,112
ヴァレリオ，マイケル	129
ウォルデン，ラッセル	103
ウォン，レランド	80
エイズ	98,109,117,127
エイズ追悼キルトプロジェクト	110
エリ，ルック・ティン	59
エンバカデロ地区	124
オリエンタルシティ	34
『オン・ザ・ロード』	155

カ行

カウフマン，ボブ	162,171
カストロ近隣地区	106,107,109
家父長制社会	131
カミングアウト	22,97,107
カリフォルニア州査定平準局（BOE）	99,102,103
カリフォルニア州酒類管理局（ABC）	103
カリフォルニアプロモーション委員会	33
カリフォルニアミッドウィンター万国博覧会	32
カリフォルニア労働者党	53
観光改善地区	38
キャメロンハウス	78,79
義和団事件	56
禁酒法	99
ギンズバーグ，アレン	4,144,150
近隣住区	2
近隣地区	2,8
クーリー	49,50
クリストファ，ジョージ	103
クンストラー，ジェームズ	178,181
ゲイ	4,105,107,116,139
ゲイ行動主義者連盟	97
ゲイバー	89,92,97,99,101
ケーブルカー	25,44
ケーリー，デニス	53
ケルアック，ジャック	4,144,149,150,155,171
言語によって社会から隔離される世帯	67,68
荒廃地区	9,41,180
コーネル，キャスリーン	129,136
ゴールデンゲートパーク	32
ゴールデンゲートブリッジ	1,4,28
ゴールドラッシュ	18,30,51,98,146
コンベンション	12,20,32,34,39,42

サ行

サウスオブマーケット	2,4,13,26,115,118,127
サウスパーク	119
サザンパシフィックカンパニー	33,34
ザ・セラー	151,152
ザ・プレイス	151,152,161
サリア，ホセ	104
サンフランシスコ・エイズファンデーション	110
サンフランシスコ観光協会	3,5,12,19,34,37,43

208

サンフランシスコ現代美術館（SFMOMA）	1,4,128
サンフランシスコ市警（察）	6,124,154,155,161
サンフランシスコ市役所	4,26
サンフランシスコ商工会議所	33
サンフランシスコ商人連合会	33
サンフランシスコ都市再開発公社（SFRA）	121,122,123,129,131
サンフランシスコ・プライド（SF Pride）	10,108
サンフランシスコ貿易委員会	33
シヴィックオーディトリウム	40
市長のトロフィーコレクション	189,194,195
シックスギャラリー	150
シティライツ	145,147,163,165,168
シャンティ	110
住区	2
シュミッツ，ユージーン	57
ジョーンズ，クリーブ	110
シングル・レジデント・オキュパンシー（SRO）	69,74,82
人種的マイノリティ	10,12
シンチョン	60
シンファ	60
スコット法	53
スタリンガー，ジェーン	132
ストーンウォールイン	96
ストーンウォール事件	92,96
スミス，レミュエル	159,161
性的マイノリティ	10,13
セクシュアリティ	4,90
宗親会	55
ソーマ（SOMA）	116

タ行

大陸横断鉄道	30,52
団体ツアー客	14,182,184,190,195
チャイナタウン	2,4,12,26,33,49
中国人排除法	53,54,61,69
駐米中華総会館	55
ツールボックス	125
テーマパーク	50,85,89,191,194,195
デ・ヤング，マイケル	31
同郷会	55
同性愛	89
同性愛嫌悪	90,97
同性愛者	13,87,89,95,108,112,125
同性愛者解放運動	92,96,97
同性愛者狩り	91,102
都市観光	7,8
都市更新事業	9,128,180
トランスジェンダー	4

ナ行

ニューツーリスト	14,182,184,189,190,195
ノースビーチ	2,4,26,99,124,143
ノブヒル	49,119

ハ行

バイセクシュアル	4
パッケージツアー	183
パッチェン，ケネス	149
パナマ太平洋万国博覧会	34
バーバリーコースト	99
バーリンゲーム条約	52
反体制ムーブメント	14,174
判例 Stoumen v. Reilly	102
ピーターズ，ナンシー	165
ビート作家	4,14,144,145
ビートジェネレーション	2,4,156,159,161,165,174
ビリティスの娘たち	96
ピンクドル	88
ヒン，ルー	59
ファイナンシャルディストリクト	2,49,81,128
ファインスタイン，ダイアン	41,108,128
ファーリンゲティ，ローレンス	147,165
フィッシャーマンズワーフ	3,26,29,44
フーヴァー，ジョン・エドガー	161
フォルサムストリート	116,127,128,139
フォルサムストリートイースト	117
フォルサムストリートイベンツ	132
フォルサムストリートフェア	117,129,139
フォルサムヨーロッパ	117
ブラックキャットカフェ	99,104
ブリッグス，ジョン	107
ブルックスホール	40
文化ツーリズム	14,85,141
法案 Proposition 6	107
『吠える』	153,155,165
ポストツーリスト	184,195
没場所性	175,176,181,190
ポーツマススクエア（公園）	52,85
ホテル税基金	38
ボヘミアン	145,155,159
ホワイト，ダン	107
ホーン，クレイトン	154
ボン，トン	59
本物の場所	6,14,175,182,193

マ行

マイノリティ	4,9,26,141

マカフィー，チェスター	153
マーケットストリート	2,111,115,119
マスツーリズム	183
マタシン協会	96
マッカーシズム	91
マーティン，ピーター	148,149
ミラクルマイル	116,126,129,138,140
ミルク，ハーヴェイ	107
みんなのベーグルショップ	156,161,162
ムラオ，シゲヨシ	149
ムーン・フェスティバル	10
モスコネコンベンションセンター	42,128
モスコネ，ジョージ	40,41,107

ヤ行

ユナイテッド・サービス・オーガニゼイション（USO）	94
ユニオンスクエア	3,25,29

ラ行

リグニー，フランシス	159,161
リンカンヒル	119,139
レクスロス，ケネス	149,150
レザーサブカルチャー	4,13,115,116,129,137,140
レザーバー	125,127
レザーマン	2,4,116,125,127,139
レジデンシャルホテル	40,119,121
レスター，ポール	132,136
レズビアン	4
レルフ，エドワード	175
六大公司	55,58
ロマプリータ地震	139
ロンドン，ジャック	119

■著者紹介

畢　滔滔（びい　たおたお）

中国北京市生まれ。2000年一橋大学大学院商学研究科博士後期課程修了。博士（商学）。東京理科大学諏訪短期大学（現・諏訪東京理科大学），敬愛大学経済学部を経て，現在，立正大学経営学部教授。2008年度カリフォルニア大学バークレー校都市地域開発研究所（IURD, UC Berkeley）客員研究員（Visiting Scholar）。主要著作は『よみがえる商店街：アメリカ・サンフランシスコ市の経験』（碩学舎，2014年），『発展する中国の流通』（共著，白桃書房，2009年），"Consensus Building in Shopping District Associations and Downtown Commercial Re-vitalization in Japan," *Berkeley Planning Journal*, Vol. 22 など。

■ チャイナタウン，ゲイバー，レザーサブカルチャー，ビート，
　そして街は観光の聖地となった
　　——「本物」が息づくサンフランシスコ近隣地区

From "Blighted Areas" to "Cultural Attractions": The Transformation of Minority Neighborhoods in San Francisco

---

■発行日 ── 2015年5月26日　初版発行　　　　　　　〈検印省略〉

■著　者 ── 畢　滔滔

■発行者 ── 大矢栄一郎

■発行所 ── 株式会社　白桃書房
　　　　　　〒101-0021　東京都千代田区外神田5-1-15
　　　　　　☎03-3386-4781　fax 03-3836-9370　振替00100-4-20192
　　　　　　http://www.hakutou.co.jp/

■印刷・製本 ── 藤原印刷株式会社

Ⓒ Taotao Bi-Matsui 2015　Printed in Japan　ISBN978-4-561-76206-5　C3063
本書のコピー，スキャン，デジタル化等の無断複製は著作権法上での例外を除き禁じられています。本書を代行業者等の第三者に依頼してスキャンやデジタル化することは，たとえ個人や家庭内の利用であっても著作権法上認められておりません。

JCOPY 〈(社)出版者著作権管理機構委託出版物〉
本書の無断複写は著作権法上での例外を除き禁じられています。複写される場合は，そのつど事前に，(社)出版者著作権管理機構（電話03-3513-6969，FAX03-3513-6979．e-mail: info@jcopy.or.jp）の許諾を得てください。
落丁本・乱丁本はおとりかえいたします。